# 말의 비밀

너 대화법으로 풀어내는 프레임 전략

마이티북스

너 대화법으로 풀어내는 프레임 전략

2025년 8월 20일 초판 1쇄 발행

지은이 | 이재연
책임편집 | 윤수빈
디자인 | 이경민

발행인 | 이경민
발행처 | 마이티북스

© 마이티북스

출판사 연락처
전화 | 010-5148-9433
이메일 | novelstudylab@naver.com
홈페이지 | https://마이티북스.com

ISBN 979-11-989893-6-9

이 책은 저작권법에 따라 보호받는 저작물이므로
무단전재와 무단복제를 금지하며,
이 책 내용의 전부 또는 일부를 이용하려면,
반드시 저작권자들과 출판사의 서면 동의를 받아야 합니다.

정가는 책 뒤표지에 표기되어 있습니다.
파본이나 잘못된 책은 구매한 서점에서 교환해 드립니다.

# 말의 비밀

너 대화법으로 풀어내는 프레임 전략

| 목차 |

프롤로그_ 당신의 일상에 무기가 되어줄 '말의 프레임' .007

### PART 1. 인생을 바꾸고 싶으면 말을 바꿔라
- 말을 바꿔야 하는 이유 .015
- 말로 원하는 상황 만들기 .017
- 말을 바꾸는 3가지 요소 .020

### PART 2. 대화에도 프레임이 있다
- 대화의 흐름을 결정하는 프레임 .027
- 어디에나 존재하는 프레임 .029
- 영화는 프레임의 결정체 .032

### PART 3. 모든 일상이 프레임이다
- 흔히 접할 수 있는 프레임의 유형 .037
- 지혜롭게 프레임 활용하는 법 .050
- 프레임에 숨은 비밀 .088

### PART 4. 너 대화로 자유로워져라
- 너 대화와의 만남 .101
- 나 대화 vs 너 대화 .105
- 너 대화 속으로 .110

· 행동 너 대화 .115
· 실전연습 1_일상 속 행동 너 대화 .122
· 성격 너 대화 .126
· 실전연습 2_일상 속 성격 너 대화 .131
· 감정 너 대화 .136
· 실전연습 3_일상 속 감정 너 대화 .142
· 의도 너 대화 .148
· 실전연습 4_일상 속 의도 너 대화 .158
· 미래 너 대화 .161
· 실전연습 5_일상 속 미래 너 대화 .164
· 욕구 너 대화 .166
· 실전연습 6_일상 속 욕구 너 대화 .172
· 너 대화에서의 질문 .177
· 너 대화 연습하기 .188
· 나 전달법 .192

## PART 5. 전략적 표현으로 가능성을 높여라

· 전략적 표현의 정의 .201
· 일상 속 전략적 표현 .206
· 상대를 돕는 전략적 대화 .215
· 대화 중 감정 다스리는 법 .222
· 평정심 유지하며 너 대화하기 .225
· 나를 돕는 자기 대화 .230
· 본심 알아채기 .236

에필로그_ 말의 변화로 긍정적 삶의 주인공이 되길 .240

### 프롤로그
# 당신의 일상에 무기가 되어줄 '말의 프레임'

　내 기억 속의 아버지는 언제나 가족을 아끼고, 책임감이 무척 큰 사람이었다. 하지만 아버지의 말과 태도에서는 어떤 사랑의 표현도 찾을 수 없었다. 더욱이 아버지의 깊은 사랑이나 책임감은 내가 어른이 되어서 알게 된 탓에 어렸을 때는 제대로 느끼지 못했다. 물론, 그 시절에는 마음 표현이 서툰 아버지가 대다수였는데, 나의 아버지는 그 정도가 유독 심했던 듯하다. 아버지에게 따뜻한 말을 들어본 적이 없으니 말이다. 아버지가 어머니를 대하는 태도 역시 별반 다르지 않아서, 두 분이 나란히 길을 걷거나 다정하게 담소를 나누는 모습을 단 한번도 보지 못했다. 자연스레 아버지는 내게 두려운 대상이 되었고, 나를 긴장시켰다.

　사정이 이러했던지라 나는 이다음에 결혼하게 되면 아버지와 달리 자상하고, 따뜻한 말로 아내와 아이들을 대하며, 웃음이 넘치는 가정을 만들리라 다짐했다. 결혼할 때 아내에게 이런 경험을 얘기했고, 나름 아내에게 인정받고 있으니, 그때의 결심을 잊지 않고 실천하기 위해 노력하고 있다고 믿는다. 이 모두 아버지를 통해 내가 갖춰야 할 자세를 배웠다고 확신한다.

그렇게 시간이 흘러 어느새 나는 어른이 되어 가정을 꾸리고, 내가 어린 시절에 봤던 아버지보다 더 나이가 많은 중년이 되었다. 또 말하는 법을 강의하는 강사로 활동하고 있다. 그 과정에서 이유를 명확히 설명할 수는 없지만, 다른 사람들이 어려워하거나 포기한 일도 내가 시도해서 성공시키거나 원하는 바를 얻은 경험이 무수히 많다. 이제 와서 돌이켜보니 대인 관계에 자신감이 있었고, 사람을 만나서 문제를 해결하거나 논쟁을 하고, 설득하는 일을 두려워하지 않았던 점이 그렇게 만들어주지 않았나 한다. 이와 관련해 몇 가지 일화를 풀어본다.

고등학생 때였다. 싸움을 잘하는 친구와 시비가 붙어 쥐어 터지기 일보 직전이었다. 그 친구를 이길 자신이 없었지만, 그렇다고 다른 친구들이 보는 앞에서 비굴하게 사과하고 싶지는 않았다. 다행히 나는 당당하게 말로 맞서서 그와의 싸움을 피할 수 있었다. 요즘이야 학교 폭력이 엄격하게 관리되고 있지만, 당시에는 그런 일이 비일비재했으며, 싸움으로 서열이 매겨지던 시절이었다. 그러니 만일 내가 그 싸움을 피하지 못했다면 내 서열은 곤두박질쳤을 텐데, 그 사건을 계기로 나는 싸움에 가담되지 않으면서도 나름의 서열을 유지할 수 있었다.

또 한번은 입대 전 휴학을 하고, 영화 촬영 현장에서 연출부 막내로 아르바이트를 했던 적이 있다. 처음 하는 일이라 잘하려는 마음만 앞서고, 할 줄 아는 게 별로 없어 다른 선배 스태프들에게 그다지 도움이 안 된 나였다. 그러던 어느 날, 빨간색 압류 딱지가 구석구석 붙어 있는 집에서 망연자실한 주인공의 모습을 촬영하는 일정이 있었다. 영화에서 매우 중요한 장면이라 모두 분주히 촬영 준비를 하는데, 제작부장이 빨간 딱지를 잃어버려 안절부절못했다. 딱지를 찾지 못하면 그날 촬영을 철수하고, 촬영 일정을 하루 더 늘려야 해서, 영세한 제작사 제작부장에게는 몹시 당혹스러운 순간이었다. 나도 어찌할 바를 모르고 주위의 눈치를 살피다가 법원의 모 부서에 공문을 다시 보내 압류 딱지를 받아야 한다는 누군가의 얘기를 듣고는 무조건 법원으로 뛰었다. 그렇게 법원의 해당 부서에 찾아가긴 했지만, 촬영장에서 들었던 대로 협조 공문을 제출한 다음 최종적으로 부서장의 결재까지 받아야 한다고 했다. 한마디로 예정된 촬영을 진행할 수 없다는 얘기였다. 그러나 나는 죽을힘을 다해 뛰어간 게 무모한 시도가 되지 않도록 그들을 설득한 끝에 압류 딱지를 받아내는 데 성공했다. 촬영을 할 수 있다는 기쁨에 빨간 딱지를 손에 쥐고 단숨에 현장으로 돌아왔는데, 이게 웬걸. 현장에는 이미 빨간 딱지가 붙어 있었고, 촬영 사인이 떨어지려던 찰나였다. 영문을 알아보니 중요한 소품이라 누군가가 잘 보관하고 있었는데, 제작부장이 분실했다고 오해를 한 것이라고 했다. 힘들게 구해온 압류 딱지는 무용지물이 되었지만, 그 일이 있고 난 뒤 영화감독과 제작부장 그리고 선배들이 나를 대하는 태도가 완전히 바뀌었다. 공문 없이도 빨간 딱지를 받아온 연출부의 소중한 일원이 된 것이다.

그 이후로도 나는 이런 재미있는 경험을 많이 했고, 지금도 이어지고 있다. 가령, 기업교육원을 운영하면서 이미 다른 업체와 계약을 결정한 고객사의 담당자를 만나 계약을 체결하는가 하면, 누군가와의 갈등을 풀고, 요지부동한 사람들을 설득하고, 지쳐있는 이들에게 동기 부여해서 그들의 생각과 태도를 바꾸고 있다. 이는 내 말이 가진 힘 덕분임을 나 스스로도 믿

프롤로그_ 당신의 일상에 무기가 되어줄 '말의 프레임'

고 있다. 더 정확하게는 내가 사용하는 '말의 프레임'의 영향이라고 할 수 있다.

또한 이 능력은 아버지에게 물려받은 소중한 유산임을 부정할 수 없다. 이유인즉, 아버지는 가족에게는 엄격하고 딱딱했지만, 다른 사람들과는 매우 소통을 잘하는 사회적인 사람이었다. 나를 대하는 것과 전혀 다른 아버지의 모습을 지켜보는 것은 속상하고 섭섭한 일이었지만, 나도 모르게 아버지의 말을 배우지 않았나 한다.

이를 증명해 줄 분명한 에피소드가 있다. 고등학생 때, 무언가를 발표하거나 다른 의견이 있는 아이들을 설득하고 나면, 친구들은 내 말솜씨에 놀라면서 칭찬을 아끼지 않았다. 그런데 S라는 친구가 "재연이는 재연이 아버지와는 비교도 안 돼. 재연이 아버지는 정말 재미있게 말씀 잘하셔."라고 하는 게 아닌가. 그 친구가 그렇게 말하는 데는 이유가 있었다. 당시 나의 아버지와 친구의 아버지는 쌀가게를 운영했는데, 그 친구 집에서 아저씨들이 모임을 할 때 아버지가 얘기하는 걸 인상 깊게 들었다는 것이었다.

한편, 남들이 하면 안 되는 일을 내가 나서면 가능해지는 경험을 하면서 단순히 운이 좋아서라고 생각했던 적이 있다. 그러다가 그런 상황이 꾸준히 반복됨에 따라 나에게 말을 잘하는 특별한 능력이 있는 걸 알아챘으며, 이를 내 삶의 강력한 무기로 만들었다.

보통은 말을 잘한다고 하면, 논리정연하면서 화려한 술사를 사용하는 사람을 떠올릴 것이다. 그러나 나는 그런 능력보다는 때에 따라 적합한 말을 마음을 실어서 한다. 반면, 내가 경험하는 것들을 정리해서 다른 사람들에게 전달하는 역량이 부족해서 소통에 어려움을 겪는 사람들을 돕지 못하는 아쉬움이 있었다.

그러던 중 '너 대화'라는 이론을 정립하게 되면서 2015년에 그 내용을 담은 《말의 비밀》이라는 책을 출간했다. 말의 원리를 어느 정도 설명할 수 있게 된 셈이다. 감사하게도 대화를 새로운 관점으로 접근한 너 대화는 소통에 어려움을 겪는 사람들에게 신선한 자극이 되었다는 피드백을 많이 받았는데, 그로부터 꽤 오랜 시간이 지났다. 흐른 세월만큼 해당 이론은 더 체계적으로 확장되었으며, 훨씬 강력하고, 효용성을 갖추게 되었다. 그리하여 업그레이드된 요소를 다시 한번 세상에 내놓는다. 이 같은 이유로 이 책은 《말의 비밀》 후속작이라 해도 무방하다.

최근 들어 '말'과 관련한 도서가 빗물 쏟아지듯이 출간되고 있지만, 《말의 비밀: 너 대화법으로 풀어내는 프레임 전략》은 대화를 바라보는 관점에서부터 대화에 접근하고, 풀어나가는 근본적인 방법을 설명하고 있어서, 어떤 특정한 상황에서의 좋은 표현들만 기술해 놓아 독자들이 실생활에 적용하기가 어려웠던 기존 화술 도서와는 확연히 비교되리라 확신한다.

좋은 말이란, 앵무새처럼 따라 하고 흉내 낼 때 나오는 게 아니라, 원리를 알고, 각 상황에 맞는 적합한 말을 창의적으로 만들 수 있을 때 생성된다. 그러하기에 이 책은 당신이 처할 무수한 상황에서 창의적으로 적합한 말을 만드는 원리를 알려주는, 더 간략히는 말을 바꿈으로써 인생을 바꾸어줄 실용서가 되어줄 테다. 그리고 그렇게 되길 바라는 마음으로 한 자 한 자 꾹꾹 눌러썼으니 나의 바람이 당신에게도 전달되길 소망한다.

프롤로그_ 당신의 일상에 무기가 되어줄 '말의 프레임'

# PART 1
# 인생을 바꾸고 싶으면 말을 바꿔라

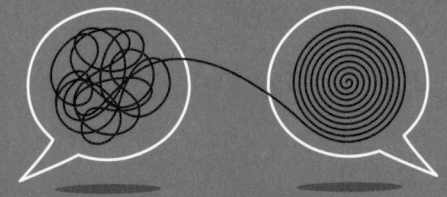

## 말을 바꿔야
## 하는 이유

    지금까지 살아오면서 수많은 경험을 했고, 그 과정을 통해 배운 하나가 있다. 바로 말을 어떻게 하느냐에 따라서 결과가 달라진다는 사실이다.

    이는 비단 나만 느끼는 바가 아니다. 수많은 사람이 인정하고, 말의 중요성을 알고 있다. 하지만 문제는 '어떻게 말을 해야 하는가?'에 대해 명확하고, 타당하게 이해할 수 있도록 설명하기가 쉽지 않다는 데 있다.

    말하는 법을 전달하려면, 머리로는 이론을 정립해 두어야 하고, 마음에서는 그것을 실천할 의지가 세팅되어 있어야 하는데, 막상 이론부터 들여다보자니 머리가 아프기 때문이다. 게다가 말은 태어났다는 이유만으로 노력하지 않아도 저절로 얻어지는 능력이니, 대다수가 소중하게 생각하지도 않는다. 한마디로 대부분은 습관적으로 말하고 있다.

PART 1. 인생을 바꾸고 싶으면 말을 바꿔라

다행히 나는 말의 소중함을 일찍이 깨달았으며, 누구보다 잘 알고 있다고 자부한다. 그리고 이 책 속의 내용은 그렇게 소중함을 인지하고, 직접 실천하면서 받은 혜택만을 담았음을 밝힌다.

자고로 말은 노력하는 만큼 빛이 나고, 힘이 생기며, 부족한 지식과 능력을 보완함으로써 자기 자신을 더 큰 사람으로 보이게 한다. 이것이야말로 당신이 말을 바꿔야 할 명분이다. 더욱이 돈도 들지 않으니 시도하지 않을 핑계가 없다.

작가의 한마디
말은 단순한 습관이 아니라 노력할수록 힘을 갖고, 자신을 성장시키는 중요한 도구입니다. 그러므로 말의 소중함을 인식하고, 제대로 활용해야 해요.

## 말로 원하는 상황 만들기

나는 이 책을 선택한 당신이 상대의 마음을 잘 헤아려서 진심으로 공감하는 말을 건네기를 바란다. 협상에서 더 많이 얻기를 바라고, 때로는 상대가 많이 가져갔다고 느낄 수 있게 말할 수 있기를 원한다. 또 어쩔 수 없이 생기는 다툼에서 통쾌하게 승리했으면 한다. 그렇다고 성인군자처럼 말하고, 늘 상대를 배려해서 말하라는 뜻은 아니다. 우리의 삶은 성인군자와는 다르니까.

내가 이 책을 쓴 목적은 명확하다. 당신의 말로 원하는 상황을 만들고, 원하는 대로 대화를 이끄는 능력을 갖출 수 있게 도움을 주고자 함이다.

우리는 이따금 싸워야 할 때도 있고, 싸워야 한다면 이기기를 원한다. 때로는 함께 기뻐하면서 마음을 주고받아야 하며, 물건을 팔면서 이윤을

남기거나 반대로 한 푼이라도 더 저렴하게 구매하고 싶어 한다. 나는 이런 모든 평범한 일상에서 당신이 원하는 대로 만들어 줄 말하기 능력을 갖추었으면 하는 것이다.

물론, 각자의 살아온 경험치와 가치관이 달라서 말하기 역시 무엇 하나를 정답이라고 할 수는 없다. 하지만 어떠한 경우에도 유연성 있게 대처할 수 있도록 말을 가꾸어야 한다는 나의 주장에는 모두 동의하지 않을까 싶다.

한편, 일각에서는 언제 어디서나 자신의 희생을 감수하는 태도와 인내가 깃든 공손한 말이 세상을 살아가는 미덕이라는 듯이 가르친다. 늘 친절하게 상냥한 말투를 유지하고, 감사하다거나 미안하다는 표현을 자주 사용해야 올바르게 말하는 것이라고 한다. 아니, 어릴 때부터 많이 들어온 소리다.

그 영향으로 우리 주위에는 겉으로는 웃어도 속으로는 우는 사람이 상상 그 이상으로 많다. 늘 참고, 남에게 싫은 소리를 하지 않아서 좋은 사람이라고 평가받지만, 그 속은 지쳐서 힘들어하는 사람을 찾는 일이 그리 어렵지 않다. 그야말로 상대를 위해서 기꺼이 자신의 희생을 감수할 정도로 선한 마음을 가진 이들이다. 그러나 그들은 실상 '화병'의 지름길을 걷고 있는 중이다.

그래서 나는 최소한 자기 자신을 지킬 수 있게 말해야 한다고 생각한다. 상처받은 본인의 모습을 마주하며, 가치 있는 희생으로 위안하는 것이 아니라 상처받은 모습을 가엾게 여기고, 보듬어 줄 수 있어야 하며, 애초에 상처받지 않도록 말하는 법을 배우고, 연습해야 한다는 얘기다. 이에 따라 논리정연하고 유창하게 말할 수 있어야 하고, 상대를 설득하기도 해야 하며, 자신의 의견을 잘 전달하기도 해야 하고, 뛰어난 공감으로 상대의 마음도 얻어야 한다. 이 모두 꾸준한 훈련으로 가능한 일이다.

우리에게 말은 아주 귀한 존재다. 음식과 물을 섭취하지 않고 살 수 없듯이, 말을 하지 않고 살 수는 없으니까. 계속해서 말을 음식에 빗대어 보자면, 사람들은 몸에 좋은 음식을 찾아서 먹기도 하고, 특별한 음식을 먹으며 만족감을 느끼기도 한다. 맛없는 음식을 먹어도 생명을 유지할 수는 있지만, 그렇게 하면 삶의 만족도가 현저히 떨어진다.

이처럼 몸에 좋고, 맛있는 음식이 존재하듯 우리를 이롭게 하는 좋은 말도 있다. 즉, "칭찬을 받으면 먹지 않아도 배가 부르다."는 말이 있듯이 말 한마디로 행복해질 수도 있고, 비참해질 수도 있으며, 희망이 싹트기도 하고, 좌절하기도 한다. 그래서 어떻게 말해야 하는지가 매우 중요하다.

**작가의 한마디**
말은 원하는 상황을 만들기도 하고, 대화를 주도해 주기도 하죠. 이를 위해서는 말하기 능력을 길러야 하는데요. 설득력을 갖추면서도 나 자신과 상대에게 상처가 되지 않는 말하기 연습이 이루어져야 해요.

PART 1. 인생을 바꾸고 싶으면 말을 바꿔라

## 말을 바꾸는 3가지 요소

내가 오랜 시간 말을 관찰하고 연구하면서 얻은 결론은, '프레임', '너 대화', '전략적 표현'을 정확히 이해하여 연습과 실천을 반복하면, 말을 바꿀 수 있다는 사실이다. 어떤 상황에서든 이 3가지 기술을 유기적으로 자유롭게 말에 녹아들게 할 수 있다면, 말뿐만 아니라 인생도 바뀌리라 확신한다.

나는 수년 전, 《말의 비밀》을 통해 너 대화를 정의하고, 그와 관련한 활용법 및 유용한 가치 등을 설명했다. 그리고 여러 독자가 책에서 소개한 대화법에 흥미를 느낀다는 피드백을 주었으니, 내가 알려준 대로 말하고 싶은 욕구를 가졌을 테다. 하지만 대부분은 새로운 대화법에 대한 지식을 얻는 단계에서 머무르고, 실천하지 못했을 것으로 짐작한다.

솔직히 책의 내용을 실천하여 본인 것으로 만드는 게 결코 쉬운 일이 아

말의 비밀 : 너 대화법으로 풀어내는 프레임 전략

니다. 더욱이 말은 그동안 쌓아온 습관이 있어서 끌리는 대화법을 접했다고 하더라도 시도하기가 참 어렵다. "세 살 버릇 여든까지 간다."는 속담처럼 몸에 밴 대로 말하는 게 자연스럽고, 지금까지 아무 문제없이 잘 써왔다는 믿음도 크게 작용하기 때문이다.

설령, 부족함을 느꼈다고 하더라도 '말 공부'라는 개념이 과거에 비해 대중화되었음에도 여전히 생소하고, 마땅히 배울 수 있는 곳이 있는 것도 아니며, 운 좋게 그런 기회를 마주했더라도 공부까지 해가면서 바꿀 대상이라고 여기지 않는다.

그런데 신기하게도 사람들은 제3자가 하는 말에 대한 평가는 즐긴다. 재수 없게 말한다거나, 차가운 말투라거나, 어렵게 말한다거나, 말주변이 없다거나, 영혼이 없다는 표현이 대표적이다. 말 그대로 상대가 하는 말을 거침없이 비판한다. 그러면서 자기가 비판의 대상이 되는 현실은 받아들이려 하지 않는다. 오히려 자기 말에는 문제가 없고, 문제가 있다면 상대에게 있다고 단정하며, 자신의 말을 이해하지 못하거나 오해한다고 탓하기에 바쁘다.

이 같은 정황을 알고 있는 나로서는 이 책을 통해 당신이 말을 바꿀 동기를 찾았으면 한다. 이렇게까지 내가 말 공부를 강조하는 이유는 말로 인해서 누군가와 관계를 맺고, 소통하기를 힘들어하는 사람을 많이 봐왔기 때문이다. 이들은 대체로 감정이나 생각을 타인에게 전달하는 데 어려움을 겪는다. 그리고 의도한 대로 말을 전하지 못하니 오해가 생기고, 불편한 분위기를 조성한다. 그런 그들이 내가 심혈을 기울여서 찾은 말하기의 비법을 익혀서 조금이라도 괴로움을 덜어냈으면 하는 것이다. 욕심을 더 내자면, 말로써 어딜 가든 사랑받는 사람이 되었으면 한다.

PART 1. 인생을 바꾸고 싶으면 말을 바꿔라

한편, 나는 몇 년 전부터 유튜브 채널 <말의 비밀>을 운영하고 있다. 여기에서 너 대화를 소개하고, 적용 사례를 알려주며 소통 중이다. 참 감사하게도 많은 구독자가 내가 발행한 콘텐츠를 접하고는 대단히 놀랍고, 기쁘다고 말한다. 그들은 내가 다루는 새로운 대화법에서 말하기의 희망이 생긴 게 분명하다. 이는 불과 며칠 안에 내 채널의 모든 영상을 시청했다는 댓글에서 증명할 수 있다. 그런 열정이라면, 영상에서 소개한 화법을 시시때때로 적용할 것이므로. 그게 아니더라도 말을 바꿔서 원하는 바를 얻거나 사람들 앞에서 멋지게 말하는 모습을 상상했을 것이다.

조금 더 열정적인 이들은 직접 겪고 있는 어려움을 댓글이나 이메일을 통해 도움을 요청한다. 그때마다 나는 몇 가지 조언을 건네며, 영상을 보는 것보다 실천이 더 중요하다는 부분을 빠트리지 않는다. 어떤 분야든 다들 처음에는 의욕적으로 공부하면서 큰 기대를 품지만, 단번에 기대한 만큼 성과가 나지 않아서 결국, 대다수가 지식을 얻는 단계에서 멈출 것을 잘 알고 있어서다. 이를 사전에 방지하고 싶은 마음에 지속적인 연습과 실천을 연거푸 얘기하지만, 몸이 마음처럼 따라 주지 않을 것도 충분히 인지하고 있다.

앞서도 언급했듯이 말을 바꾸는 일은 특히 어려워서 연습을 거듭하다가도 어색하기도 하고, 뜻대로 되지 않아서 고지를 앞에 두고도 포기하는 이가 많다. 이에 따라 나는 실천에 어려움을 느끼고, 말 공부를 중단한 사람들이 도전할 만한 가치를 느끼고, 의욕을 불어넣어 줄 말하기 이론을 만들어서 진정으로 그들에게 도움을 주어야겠다는 책임과 고민이 있었다. 그로부터 출발해 어렵게 얻은 결과물이 이 책이다.

말의 비밀 : 너 대화법으로 풀어내는 프레임 전략

독자 중에는 말을 아주 잘하는 유명 연사나 말재주가 좋은 지인들의 말을 흉내 내봤던 경험이 있을 테다. 혹은 내 유튜브 채널을 보고 내 말을 그대로 따라 해봤다는 구독자처럼 책에서 배우거나 누군가에게 들었던 말을 그대로 시도해 보기도 했을 테고 말이다. 그런데도 결과가 좋지 않았다면, 말을 소리라고만 생각하고, 단순하게 따라 하거나 흉내 냈기 때문이다. 한마디로 자음과 모음이 발음기관을 거쳐서 만들었다고 해도 다 같은 말이 아니라는 의미다.

영혼 없이 말하는 사람들과 대화할 때를 떠올려 보자. 허무하고, 기분이 썩 유쾌하지 않다. 그들의 말이 오로지 발성기관과 발음기관을 거쳐서 나오는 소리라는 느낌이 들어서다. 본디 말에는 혼과 감정, 의도 등을 담아야 하는데, 소리 차원에서만 흉내 내고 따라 한다면, 토씨 하나 틀리지 않고 그대로 내용을 전달한다 해도 감동이 없고, 본래의 말과는 전혀 다른 것이 되기 때문이다.

그러나 프레임, 너 대화, 전략적 표현을 이해하여 잘 활용할 수 있다면, 더는 말을 흉내 내는 노력이 필요 없게 된다. 심지어 더 좋은 말을 만들 수 있는 능력을 갖추게 되고, 더 적합하고 창의적인 대화를 할 수 있게 된다. 그렇게 되기 위해서는 우선 하나하나의 개념을 명확하게 이해하고, 3가지의 개념을 유기적으로 활용해서 의연하고, 유연성 있게 말하는 역량을 키워야 한다.

이 점에서 이 책은 이론서가 아니라 실전에서 바로 활용할 수 있는 실용서다. 그러하기에 눈으로 읽고, 머리로 이해하고, 새로운 지식을 얻는 것에 그치는 일은 이 책의 집필 의도와는 맞지 않다. 이해가 조금 부족해도 실천부터 해보는 자세가 중요하며, 실천하면서 얻게 되는 노하우와 이 책의 내용을 융합하여 자기만의 말하기 방식을 창조하는 과정을 거쳐야 한다.

이로써 갈등 때문에 힘들어하는 사람들은 그것을 풀 수 있어야 하고, 영업사원은 제품을 더 많이 팔 수 있어야 하며, 어렵지 않게 상대의 마음을 얻어야 하고, 바라는 게 있다면 획득해야 한다. 또 누군가의 결정에 영향을 미칠 수 있어야 하며, 늘 의연하게 대처하고, 유연하게 말할 수 있어야 한다. 더 나아가 상황에 따라서는 상처를 줄 수도 있어야 하고, 비난이나 비판도 슬기롭게 할 수 있어야 하며, 상대에게 미안한 감정이 생기게도 하고, 감사하거나 행복한 감정에 빠지게도 할 수 있어야 한다.

요약하자면, 본인 입에서 나오는 말로 사람들을 움직이게 하고, 상황을 주도하겠다는 자신감으로 늘 책임질 수 있는 말을 해야 한다.

**작가의 한마디**

말을 바꾸려면 '프레임', '너 대화', '전략적 표현', 이 3가지 요소를 이해하고 실천해야 합니다. 이는 단순히 흉내 내기가 아닌 말하기 능력의 근본적인 변화를 이끌어주지요. 이론에 그치지 않고 실천해 나간다면, 나만의 말하기 방식을 창조하고, 말로써 원하는 결과를 얻는 힘을 키울 수 있게 될 거예요.

# PART 2
# 대화에도 프레임이 있다

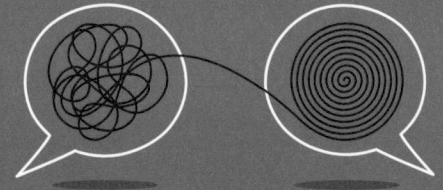

# 대화의 흐름을 결정하는 프레임

　프레임의 사전적 정의는 '무언가를 형성하는 뼈대'다. 이를 대화에 접목하면, '교류에 필요한 상대와의 관계', '대화의 방향과 목표'로 볼 수 있다. 그리고 이 프레임을 설정하는 힘이 있는 사람은 인간관계나 업무 성과 등 그 어떤 결과든지 원하는 모습으로 끌어낼 수 있다. 이는 프레임이 가진 특성 덕분인데, 프레임을 구축하는 능력이 쌓일수록 세상과 사람을 바라보는 눈이 깊어지고, 명확해지는 데 따른 성과라고도 할 수 있다.

　실제로 어떤 위치에서 어떤 각도로 바라보느냐에 따라 대상 또는 현상은 다르게 해석되기 마련이다. 예를 들어, 평론가들의 해석이 냉철하게 느껴지는 이유도 평가하는 실체를 예리한 프레임으로 바라보기 때문이다. 이를 근거로 개인 간의 대화에서도 프레임에 의해 분위기와 방향 등이 결정된다. 왜냐하면 대화하는 당사자 사이에는 에너지가 흐르고, 그 힘의 차이가 흐름을 판가름해서다. 에너지가 상호 간에 조화롭게 어우러지기도 하지만, 때때로 서로 대립하면서 힘겨루기를 시도하니까. 이 경우 전자는 긍정적이고 편안한 느낌을, 후자는 불편하고 차가운 감정이 지배한다. 이런 에너지의 교류는 힘의 움직임과도 같은데, 대화 주체뿐만 아니라 주변 사람도 에너지의 흐름을 감지할 수 있어서 프레임이 만들어지고 해체되는 과정을 관찰하면, 대화 주도권의 이동을 알 수 있다.

그런데 안타까운 부분은 누구나 이런 프레임의 에너지를 작동할 수 있음에도 제대로 이해하여 활용하는 사람이 극히 드물다는 점이다. 이로써 상대가 설정해 둔 프레임 속에서 대화하면서도 그 사실을 인지하기는커녕 그가 원하는 방향으로 끌려가기 십상이다. 다시 말해, 프레임은 최면술사가 고객을 최면으로 유도하여 계획한 틀에 가두는 행위와 유사하다고 할 수 있다.

> **작가의 한마디**
> 프레임은 대화의 흐름과 방향을 결정하는 요소로, 이를 설정할 수 있는 사람은 원하는 결과를 끌어낼 수 있답니다. 그러나 대부분의 사람은 프레임의 존재를 인식하지 못한 채 상대가 만든 틀에 끌려가며 대화를 해요.

말의 비밀 : 너 대화법으로 풀어내는 프레임 전략

## 어디에나 존재하는 프레임

프레임은 세상 어디에서나 존재한다. 남녀평등을 외치는 데 있어서도 여성보다 남성의 권위가 더 우선시되는 사회적 프레임을 여성 쪽으로 옮기려는 의도가 있다. 이 의도가 프레임인 셈이다.

과거에는 회사에서 여직원이 잔심부름을 비롯해 청소, 커피 타기와 같이 본인의 업무와 관계없는 일을 하는 게 당연시되었다. 심지어 여성을 하대하거나 심하게는 성희롱을 하면서도 재미있는 농담 정도로 여기곤 했다. 게다가 그에 대해 이의를 제기하면, 속이 좁다며 문제 있는 사람이라고 몰아갔다. 이런 현상이 이상하지 않았던 이유는 남성 중심 사회에서 남성이 우월하다는 프레임이 대중의 의식을 지배했기 때문이다. 그리하여 여성들은 차별받는 환경 속에서도 불평등을 당연하게 받아들일 수밖에 없었다. 오히려 차별받는다는 인식도 하지 못하는 경우가 많았다.

PART 2. 대화에도 프레임이 있다

이 같은 사회의 구조적 모순을 해체하여 새로운 인식으로 전환하려 움직이기 시작한 게 남녀평등운동이다. 그런데 그 과정에서 수많은 사람이 거센 비난을 받으며, 희생할 수밖에 없었다. 이유인즉, 하나의 굳어진 프레임을 허물기 위해서는 기존에 혜택을 누리는 이들과 맞서 싸워야 하기 때문이다.

그렇게 작은 움직임이 모여 사회 전반에 깊이 배어있던 남성우월주의가 서서히 사라지게 되면서 자연스럽게 통용되던 말도 허용 범위가 줄어들거나 사용이 금지되기도 했다. 재미있는 부분은 변화를 파악하지 못하고, 이미 깨진 프레임 안에서 기존에 썼던 말을 하면, 비판의 대상이 된다는 점이다.

한편, '프레임'이라는 단어는 정치권에서 가장 빈번하게 사용되는 듯하다. 아니, 프레임 전쟁을 하고 있다고 해도 과언이 아니다. 예를 들어, 인품이 뛰어나고, 존경받을 만한 길을 걸어온 덕분에 높은 지지를 받는 정치인도 있지만, 뛰어난 이미지 메이킹으로 이슈를 선점하는 이도 있다. 틀림없이 프레임의 힘을 발휘했다고 볼 수 있다.

그런데 여기서 이런 의문이 든다. 정치인이라면 다들 좋은 성과를 얻기 위해 노력할 텐데, 왜 응원은커녕 비난을 받는 상황이 생기는 걸까? 여기에는 대중에게 전달되는 과정에서 언론을 비롯한 여러 집단의 프레임이 개입하기 때문이다. 더욱이 반대 진영에서는 항상 그들이 원하는 프레임에 맞춰 진실을 재가공할 수 있도록 준비를 하고 있다.

그래서 정치인들은 언제나 프레임 싸움에서 이겨야 하는 과제를 안고 있는 상태다. 특히 선거 기간에는 여론에 사활을 건다는 표현을 할 만큼 온 힘을 쏟는다. 그만큼 여론의 흐름 즉, 프레임이 승패를 좌우한다는 증

거다. 많은 사람이 신문과 뉴스 등 각종 매체가 사실만을 보도하면서 공정할 거라고 믿지만, 그곳에도 메시지를 전달할 때 프레임이 존재한다. 더불어 그를 대하는 독자 또는 시청자가 바라보는 관점에 따라서도 달라진다. 이때 관점 역시 프레임이라 할 수 있다. 이처럼 우리는 언제나 프레임 안에서 생활한다.

> **작가의 한마디**
> 프레임은 사회 곳곳에 존재하는데요. 정치와 미디어에서도 중요한 역할을 하죠. 따라서 무엇이 진실인지 잘 판단하는 능력을 키워야 합니다.

# 영화는
# 프레임의 결정체

'프레임'을 이해하기 쉽게 설명하자면, 살아가면서 일어나는 모든 현상을 바라보는 '관점' 또는 '견해'라고 할 수 있다. 이를 통해 우리는 누구나 자기만의 프레임이 있음을 알 수 있다. 그런데 누군가는 이런 프레임의 폭이 넓어서 자유롭게 변형시켜 유연하게 세상을 바라보는 반면, 누군가는 본인의 프레임에서 벗어나지 않으려고 한다.

이 같은 프레임을 치밀하게 계획해서 활용하는 장르가 있다. 그리고 많은 사람이 여기에 일정 금액을 지불하고, 심지어 2~3시간씩 흔쾌히 투자한다. 그 대상은 바로 '영화'다. 영화는 각각의 프레임을 무수히 연결하여 만든 작품으로, 보통 1초에 24개의 프레임이 들어가 있다. 이것이 자연스럽게 움직이면서 영상으로 인식하게 된다. 이때 프레임 하나하나마다 감독의 의도가 들어있다. 이에 따라 같은 시나리오로도 전혀 다른 영화가 탄생한다.

**말의 비밀 : 너 대화법으로 풀어내는 프레임 전략**

가령, 시나리오 작가가 '전쟁은 치열했다.'라는 한 문장을 써 두었다면, 감독은 본인이 보여주고 싶은 대로 치열한 전쟁을 연출한다. 두려움에 떠는 주인공 혹은 도망가는 그의 다리만을 비추거나 죽어가는 사람들, 용맹하게 싸우는 사람들, 전쟁터에서 울고 있는 아이를 담아낼 수 있다. 이뿐만 아니라 포탄이 터져 한 마을이 불바다가 되는 모습을 화면에 넣을 수 있다.

참고로 대부분의 영화 프레임은 촬영 전, 관객에게 어떤 장면을 보여줄 것인지 기획하는 과정 중 콘티 작업에서 정해지는데, 현장에서 수정하기도 한다. 이는 미리 생각해 두었던 콘티보다 더 나은 프레임을 발견했을 때 이루어진다. 영화를 프레임 전쟁의 산물이라고도 볼 수 있다.

한편, 불과 몇십 년 전까지만 해도 감독이 프레임을 설정해 두었다고 하더라도 의도대로 상영을 못 하거나 상영 자체가 금지되기도 했다. 정치권에서 사전 검열을 하여 그들이 원하는 대로 프레임을 재구성했기 때문이다. 더 정확하게는 권력자가 프레임 설정 권한을 박탈하여 권력 유지에 걸림돌이 되는 부분은 삭제해 내보냈다. 그리고 이 제약은 뉴스와 신문 등의 언론에도 두었다. 이에 따라 권력자가 보여주고, 들려주고 싶은 부분만 보도를 허용해 결국, 국민은 그들이 원하는 프레임에 갇힐 수밖에 없었다.

다시 본론으로 돌아와 우리도 영화감독처럼 오랜 시간 프레임을 고민하고, 촬영 후 편집하여 영화라는 최상의 형태만을 보여주며 살면 좋겠지만, 즉각 대응해야 하는 게 현실이다. 그런데 나는 왜 굳이 영화를 예시로 들었을까? 그만큼 프레임이 우리 삶에 깊숙이 관여하고 있음을 강조하고 싶어서였다. 말 그대로 프레임은 우리 일상에 관여하지 않는 곳이 없다.

PART 2. 대화에도 프레임이 있다

**작가의 한마디**
영화는 감독의 의도에 따라 프레임을 치밀하게 구성하는 대표적인 예시죠. 그러나 우리는 영화처럼 최상의 형태만 보여줄 수는 없습니다. 그러므로 나의 말을 자유롭게 프레임 하는 연습이 필요합니다.

# PART 3
# 모든 일상이 프레임이다

# 흔히 접할 수 있는 프레임의 유형

앞서 이야기했듯 우리 일상은 프레임의 연속이며, 각자 생김새가 다르듯 그 형태도 제각각이다. 다음에 이어질 내용에서도 각기 다른 프레임의 소유자를 만날 수 있다. 참고로 모두 내가 직접 겪은 상황으로 그때마다 어떻게 대응했는지도 곁들여 두었다.

### 협박을 일삼는 프레임의 소유자

몇 해 전 나는 아파트에서 살다가 단독주택으로 이사를 했다. 그런데 이사한 지 열흘도 되지 않아 화장실 배관이 막혀버렸다. 물론, 처음 겪는 일이 아니라서 일명 '뚫어뻥'으로 불리는 압축기로 간단하게 해결하면 되겠거니 했는데, 그날은 달랐다. 수십 차례 피스톤을 올렸다 내렸다 해도 아무런 반응이 없었다. 그래서 더 열심히 피스톤 작업을 했는데, 벽끼리 붙어 있는 옆방 화장실의 변기 뒤와 욕실 바닥 여러 곳에서 오물이 뿜어져 나오기 시작했다. 그제야 사태의 심각성을 깨닫고 리모델링한 업체에 도움을 요청했더니, 급하게 배관공을 섭외해 주었다.

하지만 문제가 하나 더 있었다. 그 일이 발생한 당일은 새로 이사한 집에 부모님을 초대한 날이었는데, 그 상태로는 도저히 무리겠다 싶어서 자초지종을 설명하고, 일정을 미루었다. 아니나 다를까, 아버지는 자식에게 생기는 자그마한 일도 크게 여기는 성향이라 이사하자마자 그런 불편함을 겪는 것을 집의 큰 하자로 받아들여 내가 생각했던 이상으로 걱정을 했다. 그런 아버지가 수시로 연락해 상황을 점검할 게 분명했다. 이때 내가 할 수 있는 최선은 최대한 그 일을 빠르게 수습하는 것이었다. 나에게 주어진 시간은 딱 일주일이었다.

사정이 급했던 나는 오로지 배관 문제를 빨리 해결해야 한다는 프레임에 갇힌 채 배관공을 만났다. 그런데 이게 웬걸. 나의 다급함을 아는지 모르는지 다른 장비가 필요하다며, 주말을 지내고 월요일에 다시 오겠다고 했다. 그래도 어쩌겠는가. 전문가의 말을 믿고 기다리는 수밖에.

그렇게 시간이 흘러 배관공은 다른 파트너와 함께 방문을 했다. 그리고 나는 그와 나눈 몇 마디 대화를 통해 그가 고객을 대하는 프레임을 읽을 수 있었다. 그는 항상 작업을 시작하기 전에 바로 해결하기 어려운 문제처럼 겁을 주면서 고객을 불안하게 할 뿐만 아니라 걸핏하면 가격을 올리려는 시도를 했다. 평소의 나였다면 작업을 중단시키고 돌려보냈을 텐데, 나도 사정이 급했던지라 특별한 대안 없이 그에게 의지했다. 그런 내게 그는 건물 화단의 콘크리트 바닥을 깨어 그 아래 배관에서 원인을 찾아내야 한다며, 작업 기간은 최소 이틀은 걸린다고 했다. 충분히 이해할 수 있는 설

**말의 비밀** : 너 대화법으로 풀어내는 프레임 전략

명이었지만, 나는 여전히 그의 프레임이 불편했다.

이튿날, 배관공은 문제를 일으킨 배관을 찾은 후, 그 배관이 아닌 다른 배관을 가리키며 이렇게 말했다. "사장님, 이 배관이 저쪽보다 더 높아요. 그러니 물이 제대로 흐르지 못하는 거고요. 나 참, 누가 이렇게 작업해 놨어?" 어김없이 일단 겁부터 주는 프레임이 눈에 보였다. 그래도 나는 다음과 같이 차분하게 그와 대화를 이어갔다.

나: 배관 막힌 곳은 그 지점을 지나서 여기가 막힌 거잖아요.

배관공: 그렇다 하더라도 이게 문제는 문제잖아요. 지금까지는 괜찮았다고 하더라도 다음에 문제가 생길 수도 있고요. 그럼, 그때 또 콘크리트를 깨야 하잖아요. 안 그래요?

나: 그건 그렇죠.

배관공: 아무튼 이걸 발견한 이상 그냥 넘어갈 수는 없고, 높낮이를 조절해 줘야 하는데요. 그렇게 하려면 저쪽 콘크리트를 깨서 배관을 높여야 하는데……. 아, 이렇게 좁은 데서 이걸 또 언제 파나.

그의 표정에는 불만이 가득했다. 그뿐만 아니라 중간중간 푸념을 늘어놓는 모습에서 나의 반응에 따라 가격을 더 올려 받으려는 속셈도 엿보였다. 이런 프레임은 처음 만났을 때부터 확고했기에 자칫하다가는 그의 의도대로 결론이 날 게 뻔했다. 그런데 때마침 그와 함께 온 파트너가 무엇인가를 시도하려는 걸 보고 번뜩이는 게 있어서 나는 질문을 이어갔다.

PART 3. 모든 일상이 프레임이다

나: 사장님, 저쪽 콘크리트를 전부 부숴야 한다고 하셨는데 왜 그렇게 해야 하나요?

배관공: 그건 낮은 저쪽 배관을 더 높게 만들어서 높은 데서 낮은 데로 오수를 제대로 흐르게 하려는 거죠.

나: 그 말씀은 맞는데요. 아무것도 모르는 제가 봐도 저 배관을 높게 할 게 아니라 여기에 새로 배관 연결을 해서 이쪽으로 바로 흐르게 길을 만들면 간단히 해결될 것 같은데요. 저 분도 그렇게 작업하려는 것 같고요.

배관공: 그건 그렇죠. 콘크리트를 부수는 것보다는 그 방향이 훨씬 간단하고, 쉽기는 합니다.

나는 그 말을 듣고 화가 치밀어 오르는 걸 억누르며 다시 배관공에게 물었다.

나: 그런데 왜 저쪽 콘크리트를 깨서 배관을 높여야 한다고 하셨어요?

배관공: 제 말은 저 배관을 높이려고 하면 저 땅을 다 파야 한다는 거였죠. 꼭 파야 한다는 건 아니고요.

나: 그런데 왜 무조건 콘크리트를 깨야 한다고 하는 겁니까? 제가 봐도 보이는 방법이 전문가 눈에는 안 보입니까? 아니면 일단 겁부

말의 비밀 : 너 대화법으로 풀어내는 프레임 전략

터 주려고 그렇게 말하는 겁니까?

배관공: (말끝을 흐리며) 그게 아니고…….

나: 고객에게 그런 식으로 하면 사람들이 겁먹고 잘 모르니까 사장님께 의지하게 되고, 당연히 지갑도 쉽게 열지요? 어쨌든 꼭 고쳐야 하는 거니까요. 이게 사장님의 영업 방식인지는 모르겠지만, 저한테는 그렇게 하지 마세요. 뻔히 다 보이잖아요. 지금까지는 그렇게 하시는 거 알면서도 그냥 넘어갔지만, 앞으로는 하나하나 다 따져 물을 겁니다. 좁은 공간에서 힘들게 일하는 거 이미 잘 알고 있으니까 작업 하나하나 그렇게 티 내지 않으셔도 됩니다. 끝까지 잘 부탁드릴게요.

이후로 그는 다른 불평 없이 묵묵히 일만 했다. 가끔은 필요 이상의 설명도 덧붙였다. 이는 전처럼 불평이 아닌 작업에 대한 정확한 브리핑이었다.

나도 안다. 고객을 협박하는 그의 프레임은 그간 고객을 대하면서 얻은 경험을 통해 강화되었다는 사실을. 그렇게 그는 프레임에 대한 개념이 없어도 어떻게 하면 더 많은 돈을 벌게 되는지 피부로 깨달았을 테다. 이로써 본인의 이익을 위한 자기만의 대화 프레임을 만들어 왔음이 확실하다. 이런 프레임을 깨려면 상대가 교묘한 술수를 이미 알고 있다고 알려주면 된다. 다시 말해, 그 방식이 영향을 미치기는커녕 오히려 신뢰가 떨어진다고 직접적으로 말해주는 거다. 물론, 사람에 따라서는 그렇게 하지 않았다고 부정할 수도 있지만, 다음부터는 조심하게 된다.

PART 3. 모든 일상이 프레임이다

내가 배관공의 프레임을 깨는 시도를 할 수 있었던 비밀이 있다. 문제를 일으킨 배관을 찾았으니 다른 사람이 작업을 해도 충분히 마무리할 수 있겠다는 판단을 내린 덕분이다. 만약 그 순간에도 문제를 해결할 사람이 오직 그밖에 없었다면 나는 계속 인내해야 했다는 뜻이다. 여기서 알 수 있듯 상대가 설정해 둔 프레임에서 벗어나려면, 현실을 객관적으로 파악하는 눈도 필요하다.

### 연기로 단련된 프레임의 소유자

필리핀에 여행 갔을 때의 일이다. 우리 일행은 마닐라에서 차로 2~3시간 정도 걸리는 한국인 관광객이 많이 찾는 '팍상한 폭포'에 방문했다. 그런데 최종 목적지까지 가려면 강 하류에서 배를 타야만 했다. 이때 현지 뱃사공 2명이 앞뒤에서 노를 젓고, 경우에 따라 물에 뛰어들어 배를 밀거나 끌면서 앞으로 나아갔다. 물살을 거슬러 올라가야 했기 때문이다.

참고로 하나의 배에는 2~3명이 타고, 모든 승객은 안전모와 구명조끼를 착용했다. 하지만 물살이 센 지역을 거꾸로 올라가는 구간에서는 배가 심하게 흔들리고, 안정적이지 않아서 아찔함에 불안감이 엄습했다. 그 와중에도 숙련된 뱃사공들은 여유 있고, 능숙하게 배를 상류로 전진시켰다. 이에 따라 눈앞의 웅장하고, 경이로운 자연경관에 감탄하면서도 그들의 현란한 기술에 저절로 입이 벌어졌다.

그러던 중에 유독 물살이 세고, 위험한 구간에서 한 뱃사공이 과장된 동작을 하며, 힘든 표정을 지었다. 또 그곳을 가까스로 지난 후에는 배에 올라타 숨을 거칠게 몰아쉬며, 서툰 한국말로 "힘들다, 힘들다."라고 중얼거렸다. 재미있는 점은 보통 몸이 지치고 힘들면 눈에도 자연스레 힘이 빠지

말의 비밀 : 너 대화법으로 풀어내는 프레임 전략

는데, 오히려 그의 눈빛은 초롱초롱했고, 심지어 우리의 눈치를 살피기도 했다. 예상대로 그는 깊은숨을 몰아쉬기를 멈추고, 이내 "팁, 팁!" 하며 손을 내밀었다. 그런 그를 보며 묵묵히 배를 운행했을 때보다 힘든 내색을 한 경우에 팁을 더 많이 받을 수 있음을 터득하고, 의도적으로 후자의 프레임을 선택해 관광객을 대하게 된 과정이 머릿속에 그려졌다. 다소 연기가 부족하고, 의도가 보여도, 이미 마음이 열린 관광객이 그들에게 팁을 조금 더 주는 일이 그리 어려운 일은 아닐 테니까.

대화 프레임은 이처럼 살면서 체득한 내용을 바탕으로 만들어진다. 또한 의도적으로 어떤 프레임을 장착하느냐에 따라 친절한 사람, 까다로운 사람, 시원시원한 사람, 유쾌한 사람, 친화력이 좋은 사람 등으로 내비치게 된다. 그래서 우리가 관계를 맺을 때, 프레임으로 판단하는 게 아니라 그 사람의 성향으로 인지하는 것이다.

이 관점에서 필리피노 뱃사공 이야기로 다시 돌아가 보면, 관광객들이 그를 성실하고, 맡은 역할을 열정적으로 해내는 사람으로 인지하는 이유 역시 그가 의도한 프레임의 영향이다. 설령 그가 돈을 더 벌기 위해서 그렇게 했다고 생각하며, 그를 전략적이거나 똑똑한 사람으로 판단한다고 해도 뱃사공이 선택한 프레임에 의한 영향이다.

이와 같이 모든 관계와 대화에는 프레임이 존재한다. 만일 이 사실에 눈을 뜨게 되면, 당신은 지금까지 예상조차 하지 못했던 부분을 서서히 알아가게 되리라 예상한다. 그리고 아는 데서 그치지 말고, 당신만의 프레임도 작동시켜 원하는 결과를 얻길 바란다.

PART 3. 모든 일상이 프레임이다

### 각본대로 끌고 가는 프레임의 소유자

몇 해 전 나는 사무실로 쓰는 오피스텔을 리모델링했다. 이때 인테리어를 일괄로 진행하는 업체를 선택하지 않고, 직접 해당 전문가를 섭외했다. 크기가 그리 크지 않아 큰 어려움 없이 일을 진행할 수 있으리라 기대했는데, 인테리어를 하는 첫날부터 그 예상이 보기 좋게 비껴 나갔다.

해당 오피스텔은 거실과 방 2개가 있는 구조였다. 나는 공간을 더 넓고, 효율적으로 사용할 계획으로 각 방의 붙박이장과 서로 붙어 있는 가벽을 철거해 달라는 요청을 한 상태였다. 사전에 인터넷 검색으로 섭외한 철거팀이 비용도 합리적이었고, 상담도 친절했던 터라 안심하고 있었다.

그러나 내 눈앞에 벌어진 상황은 실망스러움 그 자체였다. 현장에는 상담을 했던 업체 대표가 아닌 팀장과 팀원 2명이 투입되었는데, 팀장이 시작 전부터 쉽지 않은 작업이라며 웃돈을 요구했기 때문이다. 나는 상당히 불쾌했음에도 엄연히 약속한 금액이 있는데 처음부터 추가금을 언급하는 건 납득이 되지 않는다며, 잘 타일러서 작업부터 하게 했다.

그렇게 그들은 작업에 돌입했고, 나는 다른 업무 관계로 현장에서 빠져나왔다. 그런데 얼마 지나지 않아 철거팀장에게서 전화가 왔다. 그리고 그는 철거 중에 가벽 안에서 석면을 발견했고, 이를 처리하려면 작업 비용이 많이 오를 거라고 했다. 말 그대로 협박이었다. 나는 석면이 무엇인지 몰랐으니까. 할 수 없이 잔뜩 긴장한 채로 현장으로 향했다.

팀장은 작업을 중단한 상태로 이제 막 도착한 나에게 무언가를 가리키며, 그것이 석면이라는 설명과 함께 위험하니 조심해서 다뤄야 한다고 했다.

말의 비밀 : 너 대화법으로 풀어내는 프레임 전략

하지만 내 눈에는 그리 위험해 보이지도 않았고, 양도 얼마 되지 않아서 직접 치울 수도 있겠다 싶었다. 한마디로 어려운 작업으로 여겨지지 않았다.

그런데도 팀장은 막무가내였다. 마치 누군가에게 지시라도 받은 듯 앵무새처럼 같은 말만 되풀이했다. 이때 나는 이상한 느낌을 감지했다. 함께 작업하던 팀원들이 팀장에게서 멀찍이 떨어져 있었는데, 당당하지 않아서 자리를 피한 듯했다. 이로써 나는 팀장이 미리 짜둔 각본에 따라 프레임을 작동시키고 있음을 어렴풋이 짐작할 수 있었다.

나는 당장 철거 업체 대표에게 전화를 걸었다. 그랬더니 그는 기다렸다는 듯이 나에게 흥분한 목소리로 이렇게 말했다. "사장님, 석면 사용은 불법인 거 아시죠? 그런데 확인하셨다시피 벽에서 석면이 나왔습니다. 또 석면은 작업하기도 어려워서 추가금을 더 내셔야 합니다." 그러고는 300만 원을 요구했다. 계약할 때 요구했던 60만 원과 비교했을 때 꽤 큰 차이였다.

터무니없는 금액에 황당해하는 나에게 그는 더욱 격양된 목소리로 몰아붙였다. "이게 불법이라서 문제가 크고요. 우리가 작업을 해드린다고 해도 석면을 버리다가 걸리면 벌금이 300만 원이 넘어요. 처음에 알았다면 이 작업은 맡지도 않았겠지만, 몰랐으니까 300만 원에 진행해 드릴게요. 아마 다른 업체는 이보다 더 많은 액수를 요구할 거예요. 더 많이 준다 해도 안 하려고 할 수도 있고요."라고 말이다.

만일 이때 내가 그들의 프레임을 의심하지 않았다면, 나는 300만 원을 지불하면서 힘든 작업을 해줘서 고맙다는 인사까지 해야 했을 것이다. 다행히 나는 그들의 엉성한 태도와 의도된 언행에서 단박에 그들의 프레임 맥

PART 3. 모든 일상이 프레임이다

락을 알아차릴 수 있었고, 그것을 차츰 깨어 나갔다. 생각해 봐라. 작업 중에 예상하지 못한 위험한 요소가 나타났는데, 어떻게 팀장은 돈 이야기만 하고, 팀원들은 강 건너 불구경하듯 나 몰라라 한단 말인가. 나로서는 상식적이지 않은 처사와 정해 놓은 목표로만 달려가는 그들의 모습이 도무지 이해가 되지 않았기에 할 수 있었던 대응이었다. 아니, 누구나 프레임의 원리만 안다면 업체의 협박에서 벗어날 수 있는 상황이라고 본다. 아래는 나와 업체 대표가 나눈 대화를 정리한 내용이다.

나: 저는 석면에 대해서는 잘 모르는데, 이걸 사용하는 게 불법이군요?

대표: 네, 뉴스도 안 보셨어요? 작업도 엄청 까다로워요.

나: 그런데 그런 얘기는 이 건물 만든 사람에게 하셔야죠. 아무것도 모르고 입주한 저한테 말씀하시면 어떻게 하나요? 저를 위로해 주시고, 제 입장이 되어서 어떻게 문제를 해결할지를 상의하셔야 하는 거 아닌가요?

대표: 그렇죠. 그러니까 제 얘기는 사장님이 그랬다는 게 아니라 석면 사용이 불법이라고 알려드린 겁니다. 그렇게 느끼셨다면 미안합니다.

나: 그리고 석면을 버리다가 걸리면 벌금을 많이 내야 한다고 하셨죠?

대표: 네, 석면은 버리다가 걸리면 벌금이 상당하거든요.

나: 사장님, 제가 석면을 철거해서 버려달라고 한 적 있나요? 아니, 사장님 회사는 철거물을 몰래 갖다 버리나요? 폐기물은 정당하게 비용을 내고 처리해야 하는 것으로 알고 있는데요.

대표: ……

그 짧은 순간에 그가 어떤 생각을 했는지는 모른다. 그러나 분명한 건 본인이 뱉은 말이 공격의 빌미가 되었고, 난처한 입장이 되자 언성을 더 높이며 나를 협박하는 모습에서 그들의 교묘한 프레임이 더 명확해졌다는 점이다.

대표: 지금 그게 중요한 게 아니라 어떻게 하실 거냐고요. 철거 계속해요? 말아요?

나: …… (대표의 반응을 보기 위한 침묵)

대표: 제가 가격은 조금 빼 드릴 테니까 어떻게 하시겠어요?

나: 처음에 약속했던 가격으로 작업하실 수 있으면 그렇게 해 주세요.

대표: 제가 말씀드렸잖아요. 석면이 나왔다고요, 석면이. 그렇게는 안 됩니다.

나: 그럼 어떻게 하실 건데요?

대표: 비용을 제대로 안 주시면 작업팀 철수시키겠습니다. 우리니까 어떻게든 도와드리려고 하는 건데, 참 답답하네요. 누가 이 작업을 합니까? 진짜 철수할까요?

나: 네, 철수해 주세요.

결국 그 팀은 철수를 했고, 나는 인테리어 사업을 하는 지인의 도움으로 사무실 근처의 다른 철거팀을 섭외했다. 놀랍게도 단 2명이 1시간 만에 모든 작업을 마쳤다. 게다가 '석면'이라는 단어는 꺼내지도 않았으며, 견적도 처음 업체에서 받았던 그대로였다.

일을 마무리한 다음, 혹시나 해서 인터넷에 검색해 보니 나처럼 석면으로 협박을 당한 피해자가 많았다. 내가 그들의 프레임을 알아채고 깨트리지 못했다면, 나 또한 피해자의 한 사람으로 사례를 올렸을지도 모르겠다.

그러므로 상대의 간교한 프레임을 깨기 위해서는 그것을 알아채고, 바꿀 수 있는 능력이 있어야 한다. 상대의 야비한 상술을 접할 때, 프레임을 모르는 사람들은 그들의 위협이 두렵게 다가오고, 프레임에 능통한 사람들에게는 어처구니없이 떼쓰는 행위에 불과하다.

여기서 질문 하나 한다. 당신은 타인이 설정해 놓은 프레임에 갇혀서 허우적거리는 사람이 되고 싶은가? 아니면 프레임에 능통해서 마음껏 만들기도 하고, 깰 수도 있는 사람이 되고 싶은가? 물어볼 필요도 없이 후자라고

말의 비밀 : 너 대화법으로 풀어내는 프레임 전략

대답할 테다. 그래서 바로 다음에 프레임 활용하는 법을 공유해 두었다.

작가의 한마디
우리는 살면서 다양한 프레임과 만납니다. 그런데 프레임을 알아채고 바꿀 수 있는 능력을 갖추면, 타인의 프레임에 휘둘리지 않고, 내가 원하는 결과를 자유롭게 만들어낼 수 있습니다.

# 지혜롭게 프레임 활용하는 법

지금까지는 프레임의 힘에 대해서 알아봤다. 하지만 아무리 좋은 기술이라 할지라도 제대로 활용하는 법을 모르면, 그림의 떡에 불과하다. 그러니 지금부터는 프레임을 전략적으로 사용하는 기술을 살펴보도록 하자.

### 강조하고 싶은 것을 강조하라

첫 번째는 강조하고 싶은 부분을 부각하는 기술이다. 이해를 돕기 위해 간단하고, 이해하기 쉬운 예를 하나 들어서 설명한다. 만일 당신이 인터넷에서 주문한 제주 흑돼지를 어제 가족과 함께 집에서 먹었다는 사실을 지인에게 전달한다고 가정해 보자.

이때 '어제'를 강조하고 싶다면, "나는 어제 집에서 가족들과 함께 인터넷에서 주문한 제주 흑돼지를 먹었어. 결혼기념일이었거든. 솔직히 나는 까

많게 잊고 있었는데, 애들이 알려줘서 얼마나 다행이었는지 몰라. 나야 그런 기념일 안 챙겨도 상관없지만, 아내는 그게 아니잖아. 그래서 어제 아이들에게 얘기 듣자마자 아내 모르게 결혼기념일 이벤트를 하려고 주문한 것처럼 꾸미고, 멋지게 파티했지."라고 말할 수 있다.

또 '집에서'를 강조하고 싶다면, "나는 어제 집에서 가족들과 함께 인터넷에서 주문한 제주 흑돼지를 먹었어. 준비하는 게 조금 귀찮아서 그렇지 단독주택으로 옮기고 나서부터는 고기 구워 먹는 시간이 얼마나 즐거운지 몰라. 맛도 식당에서 먹는 것보다 훨씬 좋고 말이야. 예전에 아파트에 살 때는 꿈도 못 꿨던 일이지."라고 이야기할 수 있다.

만약 '가족들과'를 강조하고 싶다면, "나는 어제 집에서 가족들과 함께 인터넷에서 주문한 제주 흑돼지를 먹었어. 얼마 만에 온 가족이 모여 저녁 식사를 했는지 몰라. 애들이 성인이 되기 전에는 식사를 함께 하는 게 이렇게 힘든 줄 미처 몰랐어. 넌 아직 아이들이 어려서 그런 거 모르지?"와 같이 말하면 된다.

'인터넷에서 주문한 것' 그리고 '제주 흑돼지'를 강조하고 싶다면, 다음과 같이 얘기하면 된다. 전자는 "나는 어제 집에서 가족들과 함께 인터넷에서 주문한 제주 흑돼지를 먹었어. 아무리 생각해도 인터넷 쇼핑은 정말 편리한 것 같아. 제주에서 먹었던 흑돼지 맛이랑 똑같은데, 식당보다 저렴하니까 배불리 먹을 수도 있고 말이야. 지난번에는 과메기를 시켜 먹었는데 그것도 괜찮았고. 난 가끔 옷도 인터넷에서 구매해. 시간도 절약되고, 저렴하니, 여러모로 이득이지.", 후자는 "나는 어제 집에서 가족들과 함께 인터넷에서 주문한 제주 흑돼지를 먹었어. 그런데 제주도에서 먹었던 맛이 아니야. 제주도에 방문했을 때 흑돼지를 맛있게 먹었던 게 기억이 나서 시켜봤는데, 역시 흑돼지는 제주도에서 먹어야 하나 봐. 비행기 타고 건너오면서 맛이 변하는지, 앞으로 흑돼지는 제주도에서만 먹으려고."처럼 말이다.

이렇듯 화자가 강조하려는 의도에 따라 대화의 방향이 정해지고, 상대도 그 프레임 안에서 반응하게 된다.

### 상황을 지배하라

두 번째는 상황을 지배하는 기술이다. 이번에는 나의 사업을 바탕으로 설명해 본다. 참고로 나는 약 16년간 전화·화상영어 업체를 운영 중이다. 그래서 매일 고객과의 상담이 이루어지는데, 고객이 웹사이트에서 레벨 테스트를 신청하면, 그들에게 적합한 강사를 매칭해 주기 위해 인터뷰를 진행하는 식이다. 이때, 업무가 바쁘거나 낯선 번호를 피하는 사람들이 있어서 단번에 연결이 안 되는 경우가 많다. 그러면 나는 상담할 수 있는 시간에 사무실로 전화를 달라는 메시지를 보낸 다음, 연락을 기다린다.

그런데 재미있게도 바로 상담하게 되는 경우와 고객이 다시 연락해 상담하는 상황은 프레임에 큰 차이가 있다. 우선 전자는 고객에게 통화에 대한 양해를 구해야 하지만, 후자는 고객이 직접 편안하게 상담받을 수 있는 시간을 선택해서 자발적으로 연락해 온 것이므로 쉽게 대화를 이어갈 수 있다. 이해를 구하지 않아도 된다는 말이다. 심지어 나의 전화를 받지 못한 부분에 대해 미안해하기도 한다. 그러면 대화가 훨씬 수월하다. 이러한 이유로 나는 고객과 연결이 닿지 않더라도 실망 대신 문구를 잘 정리하여 메시지를 보내고, 즐거운 마음으로 고객의 전화를 기다린다.

이 외에도 약간의 변화로 나의 의도대로 분위기를 만들어갈 수 있다. 가령, 서로 마주 보고 얘기하는 것과 상대를 보지 않고 얘기하는 것, 위를 바라보고 얘기하는 것과 위에서 아래를 보며 얘기하는 것이 다르다. 또 손을 잡고 가까이에서 얘기할 때와 멀리 떨어져서 얘기할 때가 다르고, 밖에서 얘기할 때와 안에서 얘기할 때가 다르다. 마찬가지로 밝게 웃으면서 얘기하는 것과 화난 인상으로 얘기하는 것이 다르고, 빨리 얘기하는 것과 느긋하게 얘기하는 것이 다르다. 고객 입장으로 얘기하는 순간과 점원으로서 얘기하는 순간이 다르고, 상대를 존중하며 얘기하는 순간과 무시하면서 얘기하는 순간이 다르다. 이 외에도 힘 있게 열정적으로 얘기하는 것과 맥없이 얘기하는 것이 다르고, 커피를 마시며 얘기하는 분위기와 술을 마시며 얘기하는 분위기가 다르다.

이처럼 하나하나의 요소가 프레임을 설정하는 자원이 되고, 매 상황에서 필요에 따라 의도적으로 그것을 바꿀 수 있어야 한다. 그러면서 편안한 마음도 유지할 수 있어야 한다.

### 상대의 프레임을 전환하라

세 번째는 상대의 프레임을 전환하는 것이다. 개인적으로 나는 일을 할 때, 갑과 을이 아닌 협조자 혹은 파트너라는 프레임으로 진행한다. 그래서 상대가 화를 내더라도 돕고 싶은 마음에 흔들림이 없다면, 화로 받아들이지 않고, 그들의 의사 표현 중 하나로 받아들인다. 마음의 동요가 크게 일어나지 않는다는 얘기다. 이 역시 누군가의 화에 상처받지 않는 나만의 프레임이다. 이해를 돕기 위해 실제로 있었던 일을 가져와 본다.

고객: 아니, 그 회사는 선생님 관리를 하는 거예요? 안 하는 거예

요? 아침마다 힘들게 일어나는데, 제때 전화 오는 경우가 별로 없어요. 오늘 아침에도 5분이나 늦었어요.

나: 5분이나요?

고객: 한두 번이면 이해하는데, 이틀에 한 번은 그러는 거 같아요. 이제 더는 참기가 어렵네요.

나: 그럼요. 아침에 힘들게 일어나서 수업하는데, 선생님이 늦으면 화나죠. 기운도 빠지고.

고객: 화나는 걸 떠나서 선생님에 대한 믿음도 없어요. 어떻게 그렇게 책임감이 없냐고요. 제가 좋게 몇 번씩이나 얘기했는데.

나: 벌써 여러 번 얘기했는데도 선생님이 또 그랬다는 거예요?

고객: 최소 3번은 얘기한 것 같아요. 그때마다 미안하다고, 알았다고 하면서 바뀌질 않네요.

나: 선생님을 배려해서 여러 번 좋게 말씀하셨는데도 계속 그러면 더 화나죠. 실망감도 컸을 거 같고요.

고객: 맞아요. 제가 왜 그 사람을 미워해야 하나요? 수업 시간만 정확히 지키면 될 문젠데 말이죠. 제가 무리한 걸 요구하는 건가요?

**말의 비밀** : 너 대화법으로 풀어내는 프레임 전략

나: 아닙니다. 정말 기본적인 부분을 말씀하셨는데, 당연히 지켜져야 할 게 지켜지지 않아 저희가 죄송하죠. 어떻게든 고객님을 돕고 싶은데요. 선생님이 제시간에 참석하기를 바라는 마음에 전화주신 게 맞으시죠? 수업이 정확한 시간에 시작할 수 있도록이요.

고객: 맞아요, 그거예요.

나: 그밖에 저희가 더 도와드려야 할 일은 없을까요?

고객: 아니요, 그거면 됩니다.

나: 우선 전화 주셔서 정말 감사합니다. 불만이 있어도 참기만 하다가 중단하면, 저희가 도와드릴 기회를 놓치잖아요. 그런데 이렇게 적극적으로 연락하신 건 앞으로도 즐겁게 공부하고 싶은 의지가 큰 거고요.

고객: 네. 계속 공부하고 싶은데, 아침마다 화나는 상황이 생겨서 전화했어요.

나: 제가 고객님께서 매일 아침 즐겁게 공부하실 수 있게 최선을 다할 건데요. 일단 담당 선생님에게 어떤 사정이 있는지 물어보겠습니다. 사무실에서 일방적으로 늦지 말아 달라고 지시할 수도 있지만, 잘못됐다는 걸 이미 알고 있으니 어떤 사정이 있는지 물어보면 뜨끔할 겁니다. 실제로 사정이 있을 수도 있고요. 담당 선생님은 저희와 5년 넘게 호흡을 맞춰오면서 성실하게 임했던 분이라 그럴 수

PART 3. 모든 일상이 프레임이다

도 있을 거 같거든요.

고객: 맞아요. 이전에는 늘 제시간에 칼같이 수업 시작했는데, 얼마 전부터 그랬으니까요. 좀 더 지켜볼 걸 그랬나…….

나: 아니에요, 지금까지도 많이 배려해 주셨어요. 저희도 이렇게 말씀해 주시는 게 좋습니다. 저희가 알아야 도와드릴 수 있으니까요. 제가 담당 선생님에게 답변 오면 연락드릴게요. 아까 강사 변경도 고려 중이라고 하셨는데, 그렇게 도와드릴 수도 있고요.

고객: 아니에요, 선생님은 좋아요. 수업을 시작하면 시간이 어떻게 흘러가는지도 모를 만큼 재미있고, 도움도 많이 받고 있어요. 가능하면 이 선생님과 공부하고 싶어요.

나: 그렇다면 제가 더 정확히 알아보고 알려드리겠습니다.

고객: 네, 고맙습니다. 그리고 선생님에게는 피해 안 가게 해 주세요. 돌이켜보면 요즘 들어 늦은 거지 그동안은 그렇지 않았거든요. 진짜 선생님에게 무슨 일이 있을 수도 있을 것 같네요.

나: 이렇게 배려하는 고객님의 마음을 알게 되면, 선생님이 앞으로는 절대 늦지 않을 것 같네요.

고객: 고맙습니다.

말의 비밀 : 너 대화법으로 풀어내는 프레임 전략

나: 네, 오늘도 좋은 하루 보내세요.

이 대화에서 알 수 있듯이 담당 강사에게 불만이 생긴 고객이 처음에는 갑과 을의 관계로 화를 내고 있다. 그런 고객을 공동의 목표에 참여시키고, 함께 파트너가 되어 협조하는 프레임으로 이동시킴에 따라 강사를 염려하는 마음을 갖게 되었다. 이처럼 프레임을 바꾸려면, 상대의 프레임을 관찰하는 여유로움이 있어야 한다. 이 스킬은 뒷부분에 다뤄놓은 '너 대화'를 학습하면, 충분히 적용할 수 있다.

### 더블 바인딩하라
네 번째 기술은 더블 바인딩이다. 많은 사람이 알고 있지만, 대부분 머리로만 이해할 뿐 삶에서 유용하게 활용하지 못하는 스킬이기도 하다. 참고로 더블 바인딩이란, 상대에게 2개의 선택지를 주고, 그중 하나를 선택하게 만드는 대화 방법으로, 상대가 무엇을 선택하든 나에게 유익하고, 내가 바라는 결과를 얻을 수 있다. 다시 말해, 내가 원하는 바를 상대가 대신 선택하게 유도하고, 상대는 그 선택을 자신을 위한 선택이라고 믿게 만드는 기법이다.

예를 들어, 보고 싶은 영화가 있다고 해보자. 이때 "내일 영화 볼 시간 있어?"라고 하지 않고, "내일 조조로 영화 한 편 볼까? 아니면 점심이나 저녁 중 편한 시간에 볼까?"라고 말해 당신이 보고 싶은 영화를 볼 수 있는 상황을 만드는 것이다. 물론, 상대가 꼭 둘 중의 하나만을 선택한다는 법은 없다. "나 그 영화 보기 싫은데.", "내일 할 일 있는데." 등 선택지에 없는 다른 답변을 할 수도 있다. 이렇게 되면 당신의 더블 바인딩은 실패한 것이다.

그럼, 성공 확률을 높이려면 어떻게 해야 할까? 답은 매우 간단하다. 상대가 당신이 제시한 선택지 중에서 결정할 수 있도록 자연스럽게 대화를 끌어가야 한다. 가령, "당신이 바쁜 건 알고 있지만, 내가 저번에 꼭 보고 싶다고 한 영화를 내일은 꼭 봐야 할 것 같아. 관객이 많지 않아서 극장에서 곧 내릴 거 같거든. 그래서 말인데, 조조로 일찍 보고 다른 일 하는 게 좋아? 아니면 다른 시간에 보는 게 좋아?"라고 질문하는 것이다. 그러면 상대가 이 중 하나를 선택하게 됨에 따라 당신은 당신이 원하는 영화를 봐서 기쁘고, 상대도 스스로 선택했다는 만족감이 있다.

그리고 더블 바인딩이라고 해서 선택지를 꼭 2개로 한정 지으라는 게 아니다. 여러 개를 제안해도 된다. 단, 모든 선택지가 당신이 원하는 방향이어야 한다. 한 예로, 딸이 초등학생이었을 때 체험학습 장소를 선정하기 위한 설문지를 받은 적이 있다. 총 3개가 후보지였는데, 이미 학교에서 정해둔 장소가 눈에 보여 웃음이 나왔다. 왜냐하면 두 곳은 단점을, 나머지 한 곳은 장점을 부각해 두었기 때문이다. 심지어 거기만 도시락을 준비하지 않아도 된다고 했다. 이를 순수 더블 바인딩이라고 하기는 다소 거리가 있지만, 내가 염두에 둔 상황으로 결정되도록 확고하게 프레임화할 수 있음을 설명하기에는 좋은 본보기다.

이번에는 당신이 차량 구매를 염두에 두고 전시장에 방문했다고 해보자. 그런데 예약이 가득 차 시승을 해볼 수 없게 되었을 때, 다음 중 어떤 영업사원과 계약을 하고 싶을까?

A 사원: 고객님, 죄송합니다. 어렵게 방문해 주셨는데 오늘은 예약이 다 차서 시승이 어렵습니다. 다음에 예약하고 방문해 주시면, 최

말의 비밀 : 너 대화법으로 풀어내는 프레임 전략

선을 다해서 도와드리겠습니다.

B 사원: 고객님, 귀한 시간 내어 방문해 주셨는데, 오늘은 예약이 다 차서 바로 시승하기가 어려운 상황입니다. 바로 도와드리지 못해 죄송합니다. 일정을 보니 오늘처럼 주말에 시승하는 게 편하다면, 다음 주 토요일 오후에 가능할 것 같은데요. 그날 시승할 수 있도록 예약을 해드릴까요? 아니면 다른 날로 도와드리는 게 좋을까요?

물어볼 필요도 없이 모두가 B 사원을 선택할 게 분명하다. 그리고 그는 당신이 시승 날짜를 예약하게 했을 것이다. 주말과 다른 날을 더블 바인딩함으로써 자연스럽게 언제 시승이 가능한지를 생각하게 되었을 테니까. 영업사원이 설정한 프레임이라는 사실을 인지하지 못한 채.

나도 이 더블 바인딩 스킬을 일상에서 자주 사용한다. 고객의 레벨 테스트 일정을 정할 때는 "수업 방식은 얼굴을 보면서 하는 화상 수업이 좋으신가요? 소리만 듣는 음성 수업이 좋으신가요?"라고 묻는데, 크게 둘 중 하나를 선택하거나 어떤 형태가 더 좋은지 조언을 구하는 부류로 나뉜다. 이 과정에서 고객은 내가 구축한 프레임에 자연스럽게 들어와서 화상 또는 음성으로 수업하는 모습을 상상하게 된다. 단순히 레벨 테스트 일정을 협의하는 상담이지만, 구체적으로 어떻게 수업할지를 떠올리게 되니 레벨 테스트 후 등록은 자연스러운 프로세스가 된다. 한마디로 레벨 테스트를 거치고 등록 여부를 결정하는 게 아니라 등록을 위한 레벨 테스트 개념이 되는 셈이다.

살아생전 나와 동생에게 신세를 지기 싫어한 아버지에게도 더블 바인딩으로 다가갔다. 예를 들어, "아버지, 내일 서울에 약속이 있어서 일 마치고 동생네 갈 거예요. 가는 길에 들를까 하는데, 큰길로 내려오시겠어요? 아니면 제가 집으로 갈까요?"라고 아버지에게 물어 "뭐 하러 여기까지 올라와, 우리가 내려갈게."라고 아버지가 선택하게 한 적이 있다. 우리 집 또는 동생네에서 가족 모임 자리가 마련되었을 때, 본가에 모시러 가려고 하면 한사코 반대를 해 나름 묘수를 짜낸 것이다.

### 내 말을 진실이 되게 하라

다섯 번째는 내가 하는 말을 진실이 되게 만드는 법이다. 우리는 간혹 상대에게 어떤 정보를 들었을 때, 그것이 참인지 거짓인지 판단해야 하는 경우가 있다. 이는 화자에 대한 의심이라기보다 수많은 거짓 정보로부터 나를 지키려는 당연한 반응이다.

물론, 반대의 상황도 있다. 그런데 진실을 전했음에도 다른 사람이 의심하면 속상하고, 답답해진다. 또 관계에 따라 섭섭하고, 화가 날 수도 있다. 이때 이런 표현을 사용해 보자. "알고 계시죠?", "모르셨어요?", "들어봤지요?" 그럼, 당신의 말을 믿게 할 수 있다.

예를 들어, "내년 임금이 10% 삭감된다고 결정 났대."와 "너도 내년부터 월급이 10%씩 삭감되는 거 알고 있지?" 혹은 "내년부터 월급 10%씩 삭감 결정 났다는 얘기 들었어?" 중에 어떤 말이 신뢰가 가는가? 전자는 진실인지 아닌지 확인하고 싶은 마음이 들지만, 후자는 이야기를 들었는지, 듣지 않았는지에 대해서만 답하게 된다. 이로써 뒤의 두 문장은 그대로 참이 된다.

또 당신이 소속한 회사의 제품이 소비자 만족도 1위를 했다고 해보자. 굳이 고객에게 그 사실을 힘들게 설명할 필요가 없다. 그저 "고객님, 이 제품이 소비자 만족도 1위를 했다는 걸 알고 계시죠?"라거나 "고객님, 저희 제품이 소비자 만족도에서 1위를 했다는 얘기 들어보셨죠?"라고만 하면 된다. 그럼 고객은 묻지도 따지지도 않고, 당신의 말을 그대로 받아들이게 된다. 이 표현의 목적은 질문이 아니라 고객이 비판 없이 참으로 받아들이게 하는 데 있다. 그래서 고객의 답변을 기다릴 필요가 없다. 그럼에도 대부분의 고객은 "그래요?", "몰랐는데요.", "어디서 들어본 거 같기도 하고……."와 같은 반응을 보인다. 그러면 당신의 말에 귀 기울이고 있다는 의미이니 기쁜 마음으로 상담을 이어가면 된다.

들을 때도 마찬가지다. 만약 집에서 유튜브만 보고 있는 자녀에게 야단치며 공부하라고 할 때, "좀 쉬게 놔둬요. 학교랑 집에서는 정말 열심히 공부한다고요."라고 한다면 그 말을 믿을 수 있을까? 아마도 힘들 것이다. 왜냐하면 당신은 아이가 집에서 유튜브를 시청하거나 게임 하는 것만 주로 봐왔으니까. 그런데 "집에서라도 조금 쉬게 해 주세요. 내가 학교랑 학원에서 열심히 수업 듣고, 최선을 다하는 거는 알고 있잖아. 설마 모르는 건 아니겠지?"라고 하면 마치 그 말이 참인 것처럼 느껴진다. 심지어 '집에서 잠깐 쉬는데 너무 나무랐나?'라는 미안한 마음이 생기기도 한다.

### 마법의 '왜냐하면'을 사용하라

여섯 번째 역시 다섯 번째에 이어 상대가 나의 말을 비판하지 않고 받아들이게 하는 방법이다. 바로 '왜냐하면'의 마법이다. 이 왜냐하면을 사용하면, 상대는 당신의 말을 긍정적으로 받아들이게 된다.

실제로 왜냐하면은 원인이나 이유를 설명할 때 사용하는 접속부사로 일상에서도 무수히 사용한다. 이에 따라 이 말을 듣는 순간, 뇌에서는 그동안의 축적된 경험에 의해 설득될 준비를 한다. 가령, 누군가가 당신에게 "이 책을 읽으면 당신은 협상의 달인이 될 수 있습니다."라고 하면, 당신은 "정말?", "어떻게?", "고작 책 한 권으로?"라며 반박을 할 수 있다. 그러나 "이 책을 읽으면 여러분은 협상의 달인이 될 수 있습니다. 왜냐하면 이 책에는 여러 협상의 기술이 자세하게 설명되어 있고, 달인이 될 수 있도록 연습하는 방법을 구체적으로 알려주고 있거든요."라고 한다면, 그대로 받아들이게 될 가능성이 높아진다.

그러므로 상대가 당신의 말을 신뢰하게 하고 싶다면, 왜냐하면을 활용해 바로 설명을 이어서 해라. 왜냐하면, 왜냐하면 뒤에 말이 이어지지 않으면, 상대는 그 틈을 노려 당신의 말을 비판하기 시작하기 때문이다. 그러니 그럴 겨를 없이 당신 말을 긍정적으로 받아들이게 만들어라. 설령, 왜냐하면 뒤의 내용이 논리적이지 않더라도 긍정적으로 받아들이게 할 만큼 효과가 강력하다.

눈치챘는지는 모르겠지만, 여기에서도 나는 의도적으로 왜냐하면을 사용해 당신이 내 설명을 비판 없이 받아들이게 시도했다. 이 구조를 잘 기억해 두었다가 누군가를 설득해야 할 상황에 사용해 보길 바란다. 분명, 성과가 있으리라 믿는다.

## 상상하게 만들어라

일곱 번째 비결은 상상하게 만드는 것이다. 여기에 대한 설명을 시작하기 전에 질문을 하나 해본다. "당신이 지금까지 살아오면서 가장 행복한 순간은 언제였는가? 그 당시에 누구와 어디서 있었던 일인지 구체적으로 떠올려 보라." 여기에 대한 답은 개인마다 다르겠지만, 과거를 소환해 와 빠르게 행복감에 빠져들 수 있다. 이미 오래전에 종료되었는데도 말이다. 같은 방식으로 우리는 다가오지 않은 미래에 일어날 상황도 구체적으로 상상하여 행복해질 수 있다. 물론, 슬픔, 두려움 등을 느끼게 할 수도 있다. 또 이는 나 자신 외에 제3자에게도 적용할 수 있다. 다음에 이어지는 사례를 통해 이 사실을 충분히 이해할 수 있으리라 짐작한다.

나는 몇 해 전 아파트에서 단독주택으로 보금자리를 옮겼다. 이사한 초창기에는 마당에서 꽤 자주 고기를 구워 먹었다. 비록 멋진 숯불 그릴이 아닌 부탄가스레인지였지만, 아파트에서는 누릴 수 없었던 특별함이었다. 그러던 어느 날, 우리 가족은 뜻밖의 손님을 맞이했다. 마당 한쪽에서 고양이 한 마리가 우리 가족을 물끄러미 바라보고 있는 것이었다. 그리고 그 녀석은 우리와 눈이 마주쳤음에도 도망가지 않았다. 그 모습이 귀여워서 나와 아내는 즉시 인근 마트로 사료를 구매하러 다녀왔는데, 그때까지도 자리를 지키고 있었다. 그렇게 고양이에게 사료를 주자, 우리를 경계하면서도 끝까지 맛있게 먹었다.

그날부터 아내는 그 녀석의 끼니를 챙겨주었고, 겨울에는 집도 만들어 주었다. 얼마 지나지 않아 CCTV로 확인해 보니 점점 더 많은 고양이가 우리 집에 방문하고 있었고, 당연히 사료의 양도 늘어났다. 그런데 언젠가부터 다른 고양이 흔적은 사라지고, 우리가 '삼색이'라고 부르는 고양이와 새끼로 보이는 세 마리만 오는 듯했다. 추측건대 임신한 상태로 우리 집을 방문하던 삼색이가 다른 장소에서 새끼를 낳고, 한 마리씩 차례로 데리고 와서 사료를 먹이기 시작했던 듯하다. 신기하게도 그 무렵부터 다른 고양이들이 나타나지 않은 걸 보니, 그들이 삼색이 가족을 위해 우리 집을 양보했음을 유추할 수 있었다. 그래서인지 새끼 고양이들은 우리가 준비한 사료를 먹으며 편하게 놀다 갔고, 그 모습만 봐도 미소가 지어지고, 마음에는 평온함이 차올랐다. 아내와의 대화에서도 그 귀여운 녀석들에 대한 주제가 많이 차지했다.

그러던 어느 하루, 아내는 내게 생각지도 못한 제안을 했다. "여보, 유기견이 입양될 때까지 두 달 정도 돌봐주는 프로그램이 있는데, 신청하면 좋을 것 같아요. 반려견을 키우려면 얼마나 큰 책임감이 필요한지 아이들도 직접 느껴볼 수 있고요." 사실 나는 그 이전까지 아이들이 강아지나 고양이를 키우자고 할 때 언제나 반대했었다. 고양이 털 알레르기도 있었고, 장점보다는 불편함이 더 많을 듯해서였다. 이런 내게 그런 얘길 꺼내는 아내는 내가 고양이들에게 먹이를 주면서 반려동물에게 마음이 많이 열렸다고 여겼던 게 아닐까 싶다. 하지만 나는 여전히 반대하는 입장이었다. 그렇다고 꽤 진지하게 나의 동의를 구하는 아내를 보면서 무턱대고 반대할 수는 없었다. 이에 나는 이렇게 물었다. "내가 안 좋아하는 걸 알면서도 얘기를 꺼내는 걸 보니 당신 나름대로 깊이 생각했을 것 같은데, 정말 당신이 원하는 게 뭔지 알고 싶어. 강아지를 키우고 싶은 거야? 아이들에게 책임감을 심어주고 싶은 거야?" 그러나 아내가 이내 답하지 않아서 나는 계속 말을 더 이어갔다. "만약 아이들에게 책임감을 키워주고 싶은 거라면, 반려동물을 키우는 일 외에도 다른 방법이 있을 거야. 설령 강아지를 키운다고 해도 아이들의 책임감이 커질지는 모르겠어. 아이들이 잘 돌보겠다는 약속을 지키지 않으면 결국은 모두 당신 몫이 될 텐데, 산책도 시켜야 하고, 목욕도 시켜야 하고, 같이 놀아주기도 해야 하고, 때맞춰 사료도 챙겨줘야 하고, 그 외에도 챙겨야 할 일이 많겠지. 지금도 사무실 일 하면서 집안일까지 하느라

말의 비밀 : 너 대화법으로 풀어내는 프레임 전략

바쁘고 힘든데, 그것까지 다 할 수 있을까?" 즉, 강아지를 키우면 안 된다고 직접적으로 말하지 않고, 강아지를 키우면 생길 일들을 상상할 수 있게 얘기했다. 그랬더니 잠시 머뭇거리던 아내는 "생각해 보니 아이들에게 책임감을 심어주겠다는 건 그렇게 되면 좋겠다는 나의 바람이었던 것 같아. 내가 진짜 원했던 건 가여운 강아지들에게 봉사하고 싶은 마음이었네."라고 답했다.

아내의 답변을 듣고 보니, 아내는 처음부터 자신이 힘들 수 있겠다는 예상을 하고 있었음을 알 수 있었다. 또 아이들이 함께 강아지를 돌봐준다면 고마운 일이지만, 그렇게 하지 않더라도 봉사하고 싶은 의지가 강해서 내게 그런 얘길 꺼낸 것이었다. 이러한 이유로 강아지를 키우게 되었을 때 아내가 감수해야 할 상황을 상상하게 하여 아내의 마음을 돌리려 했던 나의 계획이 무산되었다. 이미 아내가 그렇게 되리라는 현실을 예측했고, 충분히 감당할 마음을 먹고 있었으니까. 그런 아내에게 나는 다시 이렇게 말했다. "난 당신이 강아지를 사랑으로 잘 돌볼 거라고 생각해. 하지만 헤어질 때가 걱정돼. 아이들도 슬퍼하겠지만, 당신이야말로 괜찮겠어? 지극정성으로 돌보면서 사랑을 듬뿍 줬는데, 하루아침에 헤어진다면 견딜 수 있을까? 당신이 대충 돌볼 거라고 생각했다면 신경 쓰지 않았겠지만, 난 당신이 어떻게 강아지들을 대할지 알아서 물어보는 거야. 그 아이들과 헤어질 수 있겠어?" 강아지들과 헤어지는 상황을 상상하게 한 것이다. 그러자 아내는 그 일을 떠올리는 게 힘들었는지 없었던 이야기로 하자고 했다. 더불어 나에게 다른 각도로 생각할 수 있게 도와줘서 고맙다고도 했다.

그로부터 시간이 조금 지나, 아내가 원하는 걸 못 하게 한 게 마음에 걸렸던 나는 아내에게 의도적으로 강아지와 헤어지는 상상을 하도록 했다고

PART 3. 모든 일상이 프레임이다

솔직히 고백했다. 그랬더니 아내는 웃으면서 여전히 유기견을 잠시 돌봐주는 일은 안 하는 게 좋겠다고 했다. 이처럼 상대가 실감 나게 상상하도록 묘사하는 능력을 갖추면, 당신이 원하는 결론을 끌어낼 수 있다.

매출 실적이 좋은 영업사원도 이 프레임을 적극 활용한다. 그들은 제품의 특징을 설명하기보다 고객이 제품을 사용하면서 경험하게 될 이점을 상상하게 만드는 데 집중한다. 아마 이 책을 읽는 독자 중에 타이어 마모가 심하면 고속도로를 달리다가 터질 수도 있다는 말에 새 타이어로 교환을 했거나, 앞차가 갑자기 멈추더라도 제동거리가 짧아 추돌 위험이 적고, 코너링이 잘되어 안전하다는 설명에 광폭타이어로 교체한 경험을 한 사람이 있을 테다. 모두 타이어를 판매하기 위해 상상하게 하여 구매 욕구를 자극한 것이다. 그러므로 상대를 당신 뜻대로 따라오게 만들고 싶다면, 상상 프레임을 익혀라.

## 최면을 걸어라

여덟 번째는 최면 걸기다. 한때 나는 최면 공부를 한 적이 있다. 왜 사람들이 최면술사의 말에 따르는지 알고 싶어서였다. 고수라고 불릴 만큼 깊이 있는 연구는 하지 못했지만, 최면에 걸리고 싶다면 반드시 최면술사를 신뢰해야 한다는 결론에 다다랐다. 다시 말해, 최면술사가 도와주리라는 믿음을 갖고, 그가 유도하는 대로 따라갈 마음의 준비가 되어 있어야 한다. 만일 최면술사를 신뢰하지 않으면, 절대 최면 상태에 들어갈 수 없다는 뜻이다.

따라서 최면술사는 고객의 신뢰를 얻는 데서부터 출발해야 한다. 그리고 고객이 신뢰하기 시작했다면, 그 뒤의 상황은 최면술사의 의도대로 흘러가는 건 당연하다. 여기서 최면 프로세스를 설명하려는 건 아니다. 다만, 고객을 최면에 빠지게 하는 최면술사의 말에도 프레임이 작용하므로 내가 분석한 핵심을 알려주려 한다. 그건 바로 신뢰만 형성된다면, 최면술사의 말이 논리적이지 않더라도 고객이 비판하지 않고, 그대로 받아들이게 프레임을 구축할 수 있다는 것이다. 그만큼 신뢰는 타인과의 교류에서 중요하다.

그러니 당신도 당신이 원하는 성과를 얻고 싶다면, 본론부터 말하기 전에 신뢰를 얻어야 한다. 깊은 신뢰가 형성되기까지는 오랜 시간이 걸리겠지만, 가벼운 신뢰는 즉시 느끼게 할 수 있다. 보통 이런 경우는 말에 진심이 느껴진다. 반면, 말의 기술만 활용하는 사람은 처음에는 그럴듯하게 느껴지게 할 수는 있지만, 결국 그 기술로 인해 주변 사람마저 잃게 되는 상황과 마주할 수도 있다. 즉, 최면술사 역시 상대의 문제를 진심으로 해결해 주려는 마음이 바탕이 되어 있어야 자연스러운 최면 유도에 다다를 수 있다.

이쯤에서 최면술사가 오묘하고, 낮은 목소리로 다음과 같이 최면을 유도한다고 가정해 보자. "숫자를 세면 셀수록 당신은 편안해집니다. 하나, 편안해집니다, 둘, 더욱더 편안해집니다. 셋, 이제 온몸에 힘이 빠지고 손끝 하나 움직일 힘이 없습니다. 넷, 편안하고 또 편안합니다. 다섯, 당신은 이제 완전히 편안한 상태가 되었습니다."

이때 당신은 최면술사가 유도한 대로 편안해질 수 있을까? 만약 당신이 최면술사를 신뢰하면, 아주 편안한 상태가 될 수 있다. 이 단계를 '트랜스(trance)'라고 하는데, 여기에 다다르면 최면술사가 유도하는 대로 바닷가에 갈 수도 있고, 누군가를 만나 대화를 나눌 수도 있고, 특정한 감정을 느낄 수도 있다. 심지어 전생도 체험할 수 있다. 실제 당신의 전생이라고 단언할 수는 없지만 말이다.

그럼, 지금부터 최면술사의 문장을 분석해 보자. 최면술사는 가장 먼저 "숫자를 세면 셀수록 당신은 편안해집니다."라고 했다. 이 말을 달리 해석하면, 숫자를 세지 않으면 당신은 편안해지지 않는다는 얘기다. 결국, 당신만의 편안해지는 방법이 있더라도 당장은 최면술사가 숫자를 세야만 편해질 수 있다. 당신이 신뢰하는 최면술사가 그렇게 말했으므로. 더불어 "숫자를 세면 셀수록"이라는 표현에도 일종의 트릭이 있다. 미래형을 사용함에 따라 조건이 충족되지 않으면, 당신이 편안해지지 못하게 만들었다. 논리적으로는 최면술사가 숫자를 세는 것과 당신이 편안해지는 데에는 아무런 연관성이 없지만, 이게 가능한 이유는 당신이 자발적으로 최면술사를 찾아갔고, 그에게 신뢰가 생긴 덕분이다. 한마디로 스스로 최면에 걸리겠다는 각오를 한 당신을 최면술사가 매우 자연스럽게 최면 프레임으로 가둔 셈이다. 이로써 최면술사가 "숫자를 세면 셀수록 에너지가 생깁니다."라고 주문을 한다면, 이미 최면이라는 프레임 속에 있는 당신은 그 느낌을 받을 수밖에 없다. 여기서 "편안해집니다."와 "에너지가 생깁니다."는 최면술사가 원하는 결과다.

그렇다면 이 기술을 일상에서 어떻게 적용할 수 있을까? 가령, 영업사원이 이렇게 이야기한다고 해보자. "고객님, 제가 이 제품이 얼마나 편리한지 설명해 드리면, 바로 구매하고 싶은 마음이 생길 겁니다. 왜냐하면 그만큼 매력적이니까요." 여기서 "제가 이 제품이 얼마나 편리한지 설명해 드리면"은 곧 일어날 사실과 조건이 되고, "바로 구매하고 싶은 마음이 생길 겁니다."는 영업사원이 원하는 결론이다. 그러므로 영업사원은 당신에게 최면을 걸고 있다고 해도 틀린 말이 아니다. 또 그 과정에서 신뢰를 느끼면, 제품을 구매할 가능성이 커지게 된다. 당신이 해당 제품을 구매하지 않을 방법은 영업사원의 이야기를 듣지 않는 것인데, 이미 그는 당신 앞에서 제품의 편리성에 대해 설명하고 있다.

　재미있는 사실은 생활 속에서 얼마든지 일어날 수 있는 장면임에도 누구도 이를 최면이라고 여기지 않는다는 것이다. 심지어 당사자도 본인이 최면 언어를 사용하고 있음을 알지 못한다. 그러나 만일 원리를 알고 의도적으로 대화 최면을 시도하면, 지금보다 더 좋은 실적을 올릴 수 있음은 분명하다. 단, 상대가 최면이라고 인지하게 되면 최면에 빠져들게 하는 건 어렵다. 대화 최면의 효과를 보려면 맥락이 자연스러워야 한다는 뜻이다. 일상에서 우리가 인지하지 못한 채 대화 최면을 사용하는 예를 몇 가지 살펴보면, 사랑하는 연인에게 반지를 선물하며 "반지를 볼 때마다 내 생각이 날 거야."라고 말하거나, 아픈 사람에게 약을 건네며 "이 약 먹으면 건강해질 거야."라고 한다든지, 살을 빼고 싶어 하는 지인에게 "매일 아침 1시간씩 운동하면 살이 빠질 거야."라며 운동을 권하는 등 무수히 많은 표현이 있다.

　나도 레벨 테스트를 신청한 고객과 상담하면서 "레벨 테스트를 하면 ~ 될 것이다."처럼 최면 프레임을 자주 접목한다. 앞의 설명을 통해 이미 파악했겠지만, "레벨 테스트를 하면"은 실제 이루어질 사실 또는 조건이 되고, "~ 될 것이다."는 내가 바라는 상황이다. 여기서 내가 하나의 결론으로 귀결하지 않은 이유가 있다. 고객마다 니즈가 다르고, 그에 따라 내 의도를 다르게 설정하여, 자유롭게 프레임 형성을 시도하고 있어서 그렇다. 예를 들면, 다음과 같다.

　"레벨 테스트를 하고 나면, 등록하게 될 거예요."
　"레벨 테스트를 하고 나면, 생각보다 말이 안 나와서 많이 답답할 거예요. 정말 공부의 필요성을 느끼게 될 겁니다."

"레벨 테스트를 해보면, 저희 회사에 신뢰가 생길 거예요."
"레벨 테스트를 하고 나면, 혼자서 공부했을 때와는 완전히 다르다는 걸 느낄 거예요."
"레벨 테스트를 하고 나면, 우리 선생님이 좋다는 거 바로 느낄 거예요. 다른 곳에서 공부해 보셨으니 더 명확하게 비교가 될 겁니다."
"레벨 테스트를 하면, 정말 재미있을 거예요. 고객님처럼 적극적으로 말하려는 분들에게는 화상 영어는 최고의 방법이죠."
"레벨 테스트를 하면, 땀 좀 나실 거예요. 처음에는 간단한 말도 생각 안 나거든요. 하지만 뿌듯한 마음이 드실 거예요."

이렇듯 사실과 조건은 같더라도 내가 바라는 상황은 다르게 언급할 수 있다. 이때의 핵심은 앞서 강조했듯 자연스러운 맥락이다. 그래야 상대에게 최면을 걸 수 있다.

### 대화의 이유와 목표를 명심하라

아홉 번째는 대화의 이유와 목표를 잊지 않는 것이다. 이 역시 부연 설명을 위해 내가 직접 겪은 사례를 가져와 본다.

한 학생 어머니의 전화를 받았다. 그녀가 연락을 한 이유는 "아이의 수업이 얼마 남지 않았는데, 참여하지 못 한 수업을 보충해 달라."였다. 이에 나는 보충수업은 강사의 의무 사항이 아니며, 원칙적으로 결석이라 사무실에서 강사에게 요청하기는 어렵다고 전했다. 그랬더니 그녀는 강사에게 가능한지 물어보기만 해 달라고 거듭 요구했다. 나는 다시 사무실에서 물어보는 것 자체가 선생님께 부담을 주는 것이라서 어렵다고 거절했고, 학생이 직접 이야기하면 도와줄 수도 있다는 의견을 곁들였다. 조직의 위계 때문에 어쩔 수 없이 수용하는 것과 학생의 부탁에 자발적으로 도와주는 것에는 큰 차이가 있다는 설명과 함께.

이 대화에서 내 목표는 명확했다. 고객이 우리 회사 정책을 정확히 이해할 수 있게 잘 설명하고, 다시는 이런 요청을 하지 않도록 양해를 구하는 것이었다. 그런데 그녀는 자기 뜻대로 되지 않자 점점 화가 났고, 나에게 무례하다며 사과를 요구했다. 자기가 원하는 대로 진행해 주지 않고, 내 의견이 기대와 다르니 그렇게 느껴질 수도 있겠다고 생각은 했지만, 그녀의 태도를 이해하기는 어려웠다. 아마도 그녀는 자신이 돈을 지불하는 '갑'이라는 입장이 확고했던 듯하다. 물론, 나도 그녀가 무례하게 느껴졌지만 굳이 말하지는 않았다. 내 목표는 우리 정책을 정확하게 이해시키는 데 있었으니까. 덕분에 나는 싸움을 걸어오는 그녀의 프레임에 들어가지 않고, 평정심을 유지할 수 있었다. 이로써 그녀는 대화의 목표를 잊고 오직 싸움에서 이기기 위해 최선을 다했지만, 나는 침착함으로 일관했다.

그 과정에서 그녀가 언성을 높인 뒤, 한동안 서로 어떤 말도 하지 않는 침묵이 흘렀다. 그 침묵을 깬 건 역시 그녀였다. 단호하게 환불을 요구하면서. 짐작건대 그녀는 침묵하는 동안 환불을 요구하면, 나와의 싸움에서 최종 승리자가 될 수 있으리라고 믿지 않았나 한다. 하지만 나는 그 한마디에 그녀가 싸움을 포기하고, 후퇴하기 시작했다는 확신이 들어 이렇게 말했다. "어머니, 환불은 매우 쉬운 일입니다. 우리 서비스가 만족스럽지 않고, 강사의 실력이 부족해서 환불을 요구하는 거라면 지금 바로 해드리겠습니다. 그런데 공부하는 아이를 생각해 주십시오. 제가 어머니의 요청을 들어주지 않아 언짢아져서 환불을 요청하시면, 그 피해는 고스란히 아이가 받게 됩니다. 이건 어머니와 저와의 문제입니다. 아이는 선생님과 계속해서 즐겁게 공부하기를 바랄 수 있습니다. 그러니 아이와 상의한 후에도 환불을 원하시면, 바로 처리하겠습니다. 혹시 아이가 계속 공부하고 싶다고 하면, 메시지 하나만 보내주십시오. 출근해서 어머니께 온 문자가 없으면 바로 환불하도록 하겠습니다."

결론적으로 나는 그날 밤 아이가 계속 수업하길 바란다는 메시지를 받았다. 나는 그 상황이 참 감사했다. 그 어머니는 우리 회사의 정책을 정확히 이해했을 것이고, 아이는 좋아하는 선생님과 계속 수업을 이어 나가게 되었으니, 내 목표를 다 이룬 것이나 다름없었으니까. 그런데 만일 그 어머니의 프레임에 이끌려 나도 싸움에서 기필코 이기겠다는 목표로 접근했다면, 그 피해는 고스란히 아이에게로 향했을 테고, 그로 인한 감정적 소모가 심했을 것이다.

이렇듯 우리는 사례 속의 어머니처럼 감정이 격해져서 그저 이기는 데 집중해 상대를 공격하는 경우가 종종 있다. 그러나 설령 이긴다고 하더라도 원하는 결과를 내지 못하거나 사람을 잃기도 한다. '무엇이 이기는 것인가?'라는 개념을 생각해 봐야 하는 이유다. 그러므로 대화할 때, 특히 감정적일 때는 언제나 나의 목표가 무엇인지 인지해야 한다. 그래야 흔들리지 않고, 내 의도 대로 상황을 마무리할 수 있다.

### 때로는 침묵하라

열 번째는 침묵의 기술이다. 대부분은 협상 또는 논쟁의 자리에서 본인의 의견을 관철하려고 한다. 이에 따라 상대의 주장을 반대의 논리로 무력화하기 위해 한마디라도 더 하려고 한다. 하지만 전략적으로 침묵을 한다면, 당신은 힘들이지 않고 유리한 입장에 설 수 있다. 여기에 대한 설명을 위해 바로 앞에 든 예시를 다시 소환해 본다.

사무실로 전화를 걸어 온 학생의 어머니와 통화를 하던 중 긴 침묵이 흘렀다고 했다. 그런데 여기에는 나의 의도가 있었다. 나 스스로도 꽤 길다고 느껴질 만큼 의도적으로 침묵을 유지했다는 뜻이다. 그리고 이때 나는 다시 한번 프레임을 완전히 바꾸는 침묵의 힘을 느꼈다.

먼저 그 어머니의 입장에서 생각해 보자. 누구든 대화를 하다가 갑자기 침묵이 찾아오면 어색하듯, 그녀 역시 그 상황이 불편하고, 힘들었을 게 분명하다. 차라리 내가 화라도 내면 받아치기라도 할 텐데, 침묵 때문에 공격할 추진력도 사라져 버렸을 테고 말이다. 이에 그녀는 어떻게 침묵을 깰 것인가를 고민했을 것이고, 이기기 위해 던진 카드가 환불 요청이었다. 반면, 나는 평정심의 상태로 침묵을 즐기고 있었다. 그녀가 어떻게 침묵을 깰 것인지 기다리고 있었고, 그녀가 환불 요청을 하면서 프레임이 완전히 바뀌었음을 간파했다. 그리고 나는 그때를 놓치지 않고, 그녀가 설치해 놓은 승자와 패자 프레임을 자연스럽게 무너뜨린 다음, 아이를 위해 좋은 결정을 해야 하는 프레임으로 이동시켰다. 낮고 차분한 이성적인 목소리로 그녀가 아이 중심의 사고를 할 수 있도록 도왔고, 그 결과 아이를 계속 공부시킬 수도 있었고, 그 어머니에게 우리 회사 정책을 정확히 인지시켰다. 여기에서 알 수 있듯, 침묵의 효과를 모르는 사람에게는 짧은 순간도 온몸을 뒤틀리게 하는 괴로운 시간이지만, 그 힘을 아는 사람에게는 하나의 대화 수단일 뿐이다.

내가 침묵의 힘을 몸소 체험하면서 깨달음을 쌓아 온 기간이 벌써 20년이 넘었다. 여기에 관해 지금도 잊지 못할 추억이 있다. 기업교육원을 운영

PART 3. 모든 일상이 프레임이다

하면서 대형 유통회사가 준비하는 한 지점의 개점을 앞두고, 직원들의 극기 훈련을 의뢰받았을 때다. 계약서를 작성하는 날, 담당 팀장은 교육비 할인을 요구했다. 하지만 나는 전혀 예상하지 못한 요청이라 적잖이 당황했고, 어떤 대답을 해야 할지 고민했다. 그런데 의도치 않게 그 시간이 길어지면서 팀장이 먼저 침묵을 깨고 입을 열었다. "그럼, 견적서대로 계약하시죠. 대신 이번 교육은 정말 신경 써서 잘 부탁드립니다."라고 말이다. 나는 교육비를 얼마나 내려야 할지 고민하느라 바로 답변하지 못하고 침묵했던 것인데, 팀장은 길어지는 침묵에 본인의 요청이 다소 과했다고 스스로 판단한 듯하다. 그렇게 나는 의도하지 않은 짧은 침묵으로 최초에 제안했던 교육비 그대로 계약할 수 있었다.

나는 이때부터 침묵을 전략적으로 사용했다. 내가 지켜본 바로는 대부분의 사람은 침묵의 순간을 불편해하고, 마음이 조급해 보였다. 능수능란하게 잘 싸우던 사람도 침묵이 흐르면, 어떻게 대처할지 갈팡질팡했다. 전화로 논쟁을 하다가 침묵이 생기면, 상대는 당황해서 "여보세요?"라며 내 반응을 확인하고, 대면 중일 때는 갑자기 찾아온 침묵에 안절부절 어색해했다. 이 비밀을 알고 나니 내가 원하는 대로 프레임을 재설정하기가 수월해졌다. 침묵 후 상대가 먼저 입을 열 때까지 기다릴 수도, 내가 먼저 대화를 다시 이어갈 수도 있게 되었다. 이렇게 침묵을 활용할 줄 알더라도 그 속에서 평정심을 유지하기란 말처럼 쉽지는 않다.

그래도 명심하라. 당신이 대화를 다시 시작해야 할 때는 침묵이라는 어색함을 깨기 위해서가 아니라 흥분했던 상대가 침묵을 거치며 들을 준비가 되었을 때다.

말의 비밀 : 너 대화법으로 풀어내는 프레임 전략

### 상대의 허가를 받아라

열한 번째는 상대에게 허가 받기다. 여기서 질문 하나 해본다. 당신이 무언가를 열심히 설명하고 있는데, 상대가 다른 곳에 집중하고 있다면 어떻게 할 것인가? 아마 특별한 방법이 없어서 하던 얘기를 마무리하는 데 힘쓰지 않을까 한다. 그런데 이렇게 생각만으로도 달갑지 않은 상황을 우리는 평소에 자주 마주하며 살아가고 있다. 그래서인지 '경청'이 사회적 화두가 될 만큼 잘 들어주는 사람이 없다. 이 같은 현실에 따라 누군가가 잘 들어주기만 해도 그에게 마음이 끌린다.

실제로 듣지 않는 사람을 집중시키기는 참으로 힘들다. 아무리 재치 있게 말하는 능력이 있다고 하더라도, 듣는 태도가 불성실한 사람을 듣게 하는 데는 많은 에너지가 소모된다. 이때 힘들이지 않고 당신의 말에 귀 기울이게 하는 방법이 바로 상대에게 허가를 받는 프레임이다. 즉, 내가 말해도 되는지 혹은 질문해도 되는지 물어보는 방식으로 접근하는 기술이다. 쉽게 말해, "형이 네게 꼭 해주고 싶은 말이 있는데, 얘기해도 괜찮을까?", "고객님께 적합한 선생님을 배정하기 위해 몇 가지 질문을 해도 괜찮을까요?"라고 묻는다. 여기에 상대가 "네."라고 답변하는 순간 프레임이 바뀐다. 왜냐하면 상대는 그 대답과 함께 당신에게 말할 수 있는 혹은 질문할 수 있는 권한을 넘겨준 것이나 마찬가지니까. 또 이는 상대가 당신의 말을 잘 듣고, 성심껏 답변하겠다는 의미이자 약속이다. 다시 말해, 상대는 대화에서 방관자로 있다가 당신이 말할 수 있도록 허가하면서 대화의 주체가 된 셈이다. 그러니 집중하지 않을 수 없다.

이러한 '허가 요청'은 어디서든 요긴하게 사용할 수 있다. 만일 당신이 식당에 방문했는데 주문한 음식이 늦게 나오면 짜증이 날 것이다. 그런데 종

업원이 "배달 주문이 많아서 20분 정도 기다리셔야 하는데 괜찮을까요?"라고 먼저 허가를 구했다면 그럴 일은 없다.

얼마 전 내게도 비슷한 경험이 있었다. 동네 의원에 약을 처방받으러 갔는데, 아무리 기다려도 호명을 하지 않았다. 심지어 대기 환자도 없었는데 말이다. 곧장 진료를 볼 수 있으리라 기대한 탓인지 10분 정도도 꽤 길게 느껴져 간호사에게 "원장님 진료 안 하세요? 왜 안 부르죠?"라고 물었다. 그랬더니 "아, 지금 원장님 시술 중이세요. 끝나면 바로 진료 들어가실 겁니다."라고 하는 게 아닌가. 이에 "그럼, 얼마나 더 기다려야 하죠?"라고 묻자 "20~25분 정도 걸릴 거 같아요."라는 답변이 돌아왔다. 그 말을 듣자마자 나는 "그런 부분은 미리 얘기해 주셔야죠. 대기하는 사람이 아무도 없는데 당연히 바로 진료 들어가는 것으로 생각하죠. 바쁜데 이렇게 시간 버리게 하면 어떻게 해요?"라고 쏘아붙였다. 또 이미 10분을 기다렸는데 그 이상을 더 기다려야 한다는 사실과 그들의 대처에 화가 나서 그 병원을 나와 버렸다. 하지만 접수할 때 "방금 원장님이 시술을 시작해 30분 정도 기다리셔야 하는데 괜찮으시겠어요?"라고 한마디만 했더라면 나는 불만 없이 그냥 기다렸을 것이다. 다시 시간을 할애해 병원을 방문하는 일도 번거로운 데다가 환자가 많을 때는 그 이상도 기다렸으니까. 더군다나 요즘은 스마트폰 덕분에 그 시간을 효율적으로 사용할 수도 있고, 내가 스스로 기다리겠다고 결정했으니 불만이 생길 일은 없다.

다시 강조한다. 허가 요청은 양해를 구하고, 갈등을 줄이는 방법이며, 상대를 결정권자로 만들어 그 상황에 적극적으로 참여하게 하는 프레임이다. 그러니 상대를 나에게 집중하게 하고 싶다면, 꼭 허가를 받아라.

### 상대를 지지하라

열두 번째는 상대 지지하기다. 이와 관련해 우리 회사는 수강료를 인상할 때 모두에게 일괄적으로 적용하지 않고, 기존 고객이 인상 전 금액으로 수강할 수 있게 도와주고 있다. 단, 중간에 수강을 중단하고 다시 시작하는 경우에는 인상된 가격으로 안내한다. 이에 따라 기존 고객은 혜택을 받을 수 있음에 만족스러워하고, 이 혜택을 유지하기 위해 쉬지 않고 꾸준히 수강하는 덕분에 회사에도 유익하다.

그런데 한번은 이런 일이 있었다. 오랫동안 해외에서 공부 중인 부부 고객이었는데, 휴가로 일주일가량 수업을 중단하고 싶다고 했다. 그래서 담당자가 중단 후 다시 시작하면 수강료가 오르니 그 기간의 수업을 담당 강사에게 보충수업으로 부탁하는 게 좋겠다는 제안을 했다. 고객이 기존 수강료를 유지할 수 있는 가장 좋은 방법을 설명한 것이었다. 하지만 그 고객은 잠시 쉰다는 이유로 수강료가 오른다는 부분을 협박처럼 받아들여 몹시 불쾌해했다. 그리고 수업을 중단하면 오른 수강료가 적용된다는 공지를 받은 적이 없다고 주장했다. 당연히 담당자는 이미 여러 번 공지를 했다고 맞섰다. 그렇게 오랜 실랑이 끝에 해당 고객은 나와 통화하기를 원했고, 그는 나에게도 같은 말을 반복했다. 더불어 고작 일주일로 수강료를 인상하는 건 부당하다고 어필했다. 아래는 그런 그와 나눈 대화다.

나: 고객님께서 공지를 받지 못했을 수도 있겠다 싶네요. 사무실에서 전체 고객에게 여러 번 공지했지만, 실수로 고객님을 빠트렸을 수도 있으니까요.

고객: 공지를 여러 번 했다고요? 전 정말 받은 기억이 없는데요.

나: 알고 계신 대로 저희가 해외에서 공부하는 고객에게는 스카이프 메시지로 공지사항을 전달하는데요. 오류가 있었나 보네요. 벌써 몇 년 지난 일이라서 그 기록을 찾아서 시비를 가리는 것은 의미가 없을 듯하고, 고객님 말씀이 맞다고 생각합니다.

고객: 그렇게 오래된 일이라면 받았더라도 제가 잊었을 수도 있겠네요.

나: 네, 가끔 그 공지를 기억 못하는 고객님들이 있어요. 그런데 모두 수강료가 인상됐는데도 계속해서 예전 수강료로 공부할 수 있게 도와줘서 고맙다는 인사를 하시고, 조금 전 담당자가 제안해 드린 방법을 대단히 만족해하세요. 계속 같은 수강료로 공부할 수 있으니까요.

고객: 저도 예전 수강료로 공부할 수 있는 점에는 늘 고마워하고 있습니다. 혜택을 받는 거니까요.

나: 수강료를 올리는데도 기존 고객은 계속 같은 금액으로 공부할 수 있게 도와드린다는 공지는 받으셨죠?

고객: 네, 그 메시지를 받았으니 오르기 전 가격으로 공부하고 있죠.

나: 실은 그 공지와 함께 수업을 잠시라도 쉬게 되면, 인상한 수강료가 적용된다는 점을 안내해 드렸는데요. 오래되기도 했고, 어차피 계속 이어 가실 거라 그 부분을 신경 안 쓰신 듯해요.

**말의 비밀 : 너 대화법으로 풀어내는 프레임 전략**

고객: 그랬나 보네요. 그럼 어떻게 하는 게 좋을까요?

나: 제 생각에는 담당자가 안내해 드린 대로 편하게 여행 다녀오시고, 그 기간만큼 보충수업 받는 게 가장 좋을 듯해요. 그렇게 하면 수강료도 그대로고, 빠지는 수업도 모두 보충해서 채울 수 있으니까요. 또 선생님도 급여를 모두 받을 수 있고요.

고객: 그럼, 그렇게 할 수 있도록 도와주실래요. 아까 통화한 직원분도 저를 도와주려고 했던 건데, 제가 잘못 이해해서 조금 언짢은 소리를 했네요. 미안해서 어떡하죠? 죄송하다고 말씀 좀 전해주시겠어요?

나: 네, 그렇게 하겠습니다. 만족스럽지 않은 정책일 수도 있는데 이해해 주시고, 수강을 이어가 주셔서 정말 감사합니다.

모든 고객에게 여러 차례 공지했던 우리 사무실 입장에서 그 고객의 말은 처음부터 틀린 것이었다. 이때 대부분은 참과 거짓을 가르는 프레임으로 공지를 보낸 기록을 증거로 제시해 고객이 틀렸음을 인정하게 만든다. 이런 프레임은 반드시 승자와 패자를 낳게 하고, 서로 감정만 상하게 한다. 그러므로 상대의 말이 틀리더라도 상대가 자신의 말이 옳다고 확신하고 있다면, 우선은 그 내용을 지지해 줄 필요가 있다. 그래야 상대가 긴장을 낮추어 서로의 관계가 대결 구도로 번지지 않는다. 상대 입장에서는 지금까지 강하게 믿어왔던 것이므로 본인의 잘못을 알아챘다고 해도 바로 인정하기는 힘들 수 있다. 그래서 그런 어려움을 느끼지 않도록 대화를 유도하는 게 좋다.

PART 3. 모든 일상이 프레임이다

앞의 사례에서도 나는 고객의 의견을 지지하면서 대화를 끌어갔다. 덕분에 감정의 불편함 없이 고객 스스로 자기의 실수를 인정하게 했다. 이처럼 상대와 의견이 대립하거나 상대의 말이 맞지 않을 때, 직설적으로 대응하기보다는 '수긍-완화-설득'의 단계에 따라 내 의견을 지혜롭게 전달하기를 추천한다. 누구나 자기의 생각이나 의견을 반박당하는 일은 유쾌한 일이 아니기 때문이다. 특히 그 사안이 강한 신념과 연관되어 있다면, 큰 상처를 입거나 꽤 불쾌할 수 있다.

이때 주의해야 할 부분은 수긍하자마자 상대의 의견을 바로 반박하면서 당신의 의견을 관철하려 해서는 안 된다는 점이다. 그러면 상대는 당신이 처음 수긍했던 모습조차도 부정적으로 받아들일 수 있다. 그러니 수긍한 후에는 그것을 뒷받침할 만한 설명을 덧붙여, 상대의 마음을 완화한 다음 설득해야 한다.

예를 들어, 고객이 당신이 제안한 상품을 "비싸요."라고 하거나 "그건 필요 없어요."라고 하면, 보통은 반박하는 의견으로 상대를 설득하려고 한다. 그러나 다음 예시와 같이 수긍-완화-설득의 기술을 활용하면, 부드러운 대화를 할 수 있을 뿐만 아니라 당신이 원하는 성과도 낼 수 있다. 따라서 나는 당신이 한 문장 한 문장 꼼꼼히 읽고 기억해 두었다가 기분 좋은 대화를 하길 바란다.

### 예시 ①
"맞아요. 비싸다고 느끼실 수 있어요. 가격이 더 낮은 다른 제품도 있으니까요(수긍). 어제 만났던 고객님도 처음에는 그렇게 말씀하셨어요(완화). 그런데 결국 구매하시더라고요. 아무리 비교해도 이 성능을 따라올 제품은 없으니까요. 타사 제품을 쓰던 분들도 결국 저희 제품을 구매하세요. 고객님도 사용해 보시면, 이 성능에 이 가격이면 오히려 저렴하다고 느끼실 수 있어요(설득)."

### 예시 ②
"지금 필요 없다고 생각하는 건 당연해요. 아직 사용해 보지 않았으니까요(수긍). 사실 이 제품 없이도 생활에 전혀 문제없다는 말씀도 맞고요(완화). 하지만 이 제품은 우리 인생을 더 건강하고, 행복하게 지낼 수 있게 도와줍니다. 체험해 보기 전에는 무슨 말인지 이해하기 어렵겠지만, 사용해 보는 순간 생각이 달라지실 수 있어요. 저에게 10분만 내어주시면 되는데 어떠세요? 체험한다고 꼭 구매해야 하는 것도 아니고, 마음에 들더라도 바로 구매하지 않아도 돼요. 또 지나가는 길에 들러서 여러 번 체험해 보시고, 몸에 변화가 생기면 그때 구매하셔도 돼요. 설령 구매를 안 한다고 해도 최소한 체험한 만큼 건강해지는 건데 당연히 해보셔야죠(설득)."

### 상대와 함께 기뻐하라
마지막 열세 번째는 상대와 함께 기뻐하기다. 역시 에피소드로 설명을 해 본다. 몇 해 전, 겨울에 떠난 가족 여행에서 호텔에 묵은 적이 있다. 그리고 언제나 그렇듯 가슴 한가득 설렘을 안고 숙소의 문을 열었다. 이렇게 여행지의 숙소 문을 열 때마다 설레는 이유는 특별하지 않다. 최소한 집과 달리 잘 정돈되어 있고, 구조에 대한 호기심이 일어나서 그렇다.

그날도 여행 기간에 우리의 보금자리가 되어줄 곳을 들어서니, 침대 2개가 나란히 놓여 있고, 그 앞으로 벽걸이 TV가 걸려 있었다. 시설이나 디자인이 흡족하지는 않았지만, 들어설 때 느껴지는 따뜻함이 좋았다. 차가운 바깥 날씨 때문에 호텔 방은 더욱 아늑하게 느껴졌고, 베란다 창문으로 겨울 풍경이 생생하게 보여서 더 특별하게 다가왔다. 그런데 외투를 벗고, 따뜻함을 온전히 느끼려는 찰나, 베란다 창문이 살짝 열려있어 차가운 겨울바람이 안으로 들어오고 있음을 확인했다. 그 창문을 닫기 위해 이리저리 작동을 해봤는데도 문이 꽉 닫히지 않았고, 여전히 외풍이 셌다. 고장 난 게 확실해 보였고, 수리가 바로 되지 않는다면 다른 방으로 옮겨야 할 텐데, 주말이라 빈방이 없을 수도 있겠다는 걱정을 하며, 호텔 카운터에 전화를 걸어서 도움을 요청했다.

잠시 후 방문한 담당 직원에게 나는 "아무래도 창문에 문제가 생긴 것 같아요. 제가 몇 번을 닫으려 해봤는데 문이 꽉 안 닫히더라고요. 간단하게 고쳐지겠죠?"라며 약간 걱정 어린 질문을 했다. 그랬더니 그 직원은 "그럴 리가 없는데요." 하면서 무척 강경한 반응을 보였다. 나는 살짝 당황했지만 "몇 번을 시도해 봤는데 꽉 안 닫히더라고요."라고 재차 답변했다. 그럼에도 그는 단호하게 "우리 호텔 창문이 고장 난 적은 없습니다."라면서 창 쪽으로 움직였다. 그 순간 나는 무시당한 느낌에 기분이 언짢아졌다. 그의 말이 맞고 안 맞고는 전혀 중요하지 않았다. 앞서 언급했던 고객의 말이 맞지 않아도 우선 지지를 해야 하는 이유를 몸소 체험했다. 이 글을 쓰는 시점에서 그가 만약 "이 추운 날에 문이 안 닫혀서 많이 불편하셨겠네요. 제가 어떤 문제가 있는지 찾아보겠습니다."라고 얘기했다면 좋지 않았을까 생각해 본다.

그런데 그 직원의 다음 행동은 한술 더 떴다. 그는 무언가를 살짝 조작하더니 "보세요, 잘 되잖아요." 하면서 나에게 보란 듯이 문을 여러 차례 열었다 닫았다. 그러면서 자기 말이 옳고, 나를 이겼다는 눈빛으로 "이제 됐

말의 비밀 : 너 대화법으로 풀어내는 프레임 전략

죠?"라고까지 했다. 그 상황에서 내가 할 수 있는 말은 고작 "네, 아까는 정말 안 됐는데……."가 전부였다. 그런 내게 그는 "제가 고장 안 났을 거라고 했지요?"라고 하고는 "또 다른 문제는 없나요?"라고 묻는데, 그 소리가 "내가 분명히 고장이 아니라고 말했는데도 아니라며?"처럼 비꼬는 듯이 느껴져서 화도 나고, 부끄러운 마음도 들었다.

물론, 용무를 마친 담당 직원이 방을 떠날 때만큼은 정중하게 인사를 했고, 문제도 확실하게 해결되었지만, 나는 오히려 문제가 해결되기 전이 더 행복했다. 걱정 없이 가족들과 따듯한 방에서 하룻밤을 편안하게 지낼 수 있게 되었음에도 그 문제를 해결해 준 사람 때문에 불쾌해졌다. 왜냐하면 굳이 그런 태도를 취하지 않아도 되었음에도 그는 나와의 대결 구도로 프레임을 짰기 때문이다. 게다가 그는 문제를 해결한 후에는 자신이 옳았다는 승리감에 도취했고, 나에게 패배감을 느끼게 했다.

그 순간 나는 우리 고객들을 생각했다. 혹시 내가 그처럼 고객의 문제를 해결해 주고, 고객에게 패배감을 주지 않았는지를 되짚어봤고, 문제가 해결되면 그것이 고객의 실수였더라도 언제나 고객과 함께 기뻐해야겠다고 다짐했다.

실제로 이런 일은 우리 주위에서 자주 일어난다. 당신은 때때로 승자가 되기도 하고, 패자가 되기도 한다. 대결에서 승자가 되면 승리감에 도취해서 상대를 무시하게 되고, 패자가 되면 굴욕감을 느끼는 동시에 상대의 거만한 태도에 증오감이 생기기도 한다. 문제 해결의 기쁨이나 감사함은 사라지고, 서로에 대한 불신만 남는다. 하지만 문제를 해결할 수 있도록 도와준 사람이 마치 자기 문제가 해결된 듯 함께 기뻐해 주면 이야기는 달라진다.

PART 3. 모든 일상이 프레임이다

그러니 상대의 오해나 실수로 문제가 생겼다고 하더라도 상대에게는 심각하고, 불편한 사안이라서 당신에게 도움을 요청했다는 사실을 잊지 말자. 당신이 구태여 상대의 잘못에 대해서 말하지 않아도 상대는 이미 그것을 알고, 겸연쩍어한다. 누구든 자신의 실수를 즉각 인정하기가 쉽지 않으니 상대를 미안하게 만드는 태도를 하지 말라는 뜻이다.

나의 이런 당부에도 만일 당신이 상대의 옳고 그름을 따지려 한다면, 상대는 화를 내는 걸 넘어서서 당신을 신뢰하지 않을 것이다. 반대로 당신이 문제를 해결해 주고, 문제가 해결된 상황을 함께 기뻐하면, 상대는 미안한 감정과 함께 당신을 더욱 신뢰하게 된다. 이 점을 염두에 두고 다음 대화를 살펴보자.

고객: (결제 요청 문자 메시지를 받고 화가 나서) 아니 결제했는데, 왜 또 결제하라는 문자를 보내세요?

나: 아, 그래요? 어떤 실수가 있었나 보네요. 제가 확인해 볼게요.

고객: 제가 그저께 수업 끝나자마자 사이트에서 결제했거든요. 저는 항상 미리 결제를 하거든요.

나: 맞아요, 고객님께서는 늘 수업이 종료되기 전에 미리 결제하시는 거 저희도 잘 알고 있습니다.

고객: 그런데 왜 이런 문자를 보내세요? 안 그래도 바쁜데.

말의 비밀 : 너 대화법으로 풀어내는 프레임 전략

나: 그저께도 카드로 결제하셨죠?

고객: 네, 항상 카드로 두 달씩 결제하잖아요.

나: 맞아요, 그렇게 하시죠. 그런데 아무리 봐도 고객님이 결제한 내역이 안 보여서요. 저희 시스템에서 오류가 났을 수도 있으니 제가 다시 꼼꼼하게 확인해 볼게요. 혹시 모르니 고객님도 문자 메시지 한번만 확인해 주시겠어요? 카드사에서 보내는 결제 내용이요.

고객: 제가 수업 끝나고 결제했다니까요. (잠시 후) 어? 이상하다. 결제가 안 됐나? 분명히 했는데…….

나: 어쩌면 결제할 때 마지막 화면까지 안 가고, 중간에 끝냈을 수도 있겠네요. 시스템이 정상 작동하지 않아서 마무리가 안 된 것일 수도 있고요.

고객: 분명히 했다고 생각했는데, 문자 온 게 없는 걸 보니 안 했나 보네요.
나: 저도 다시 한번 더 꼼꼼하게 확인해 볼게요.

고객: 아니에요, 제가 실수한 것 같아요. 그런데 제가 밤에 집에 들어가야 결제할 수 있을 것 같은데 어떻게 하죠?

나: 고객님은 미리 결제하신 거나 마찬가진데요 뭐. 저도 얼마 전에 인터넷에서 주문했다고 생각하고 기다리다가 배송이 너무 늦어서

PART 3. 모든 일상이 프레임이다

확인해 보니 결제가 안 된 적이 있었어요. 수업은 계속 이어가는 걸로 담당자에게 전달해 놓을 테니, 들어가셔서 천천히 해 주세요.

고객: 네, 감사합니다.

나: 계속 수강해 주셔서 저희가 감사드려요. 공부하다가 도움이 필요하면 언제든지 연락해 주세요.

이 일이 있고 난 후로는 이 고객과 통화할 때마다 예전과는 다르게 목소리가 밝고, 우리를 신뢰하고 있다는 느낌이 들었다. 그뿐만 아니라 지인들도 우리 회사에서 공부할 수 있도록 많이 소개해 주었다. 그런데 다음과 같이 대결 프레임으로 대응했다면 어땠을까?

"결제하면 시스템에 다 잡힙니다. 여기서 안 잡히면 결제 안 하신 거예요. 시스템은 거짓말을 안 하거든요. 카드 결제하면 문자 메시지가 갈 텐데 확인해 보시겠어요? 어때요? 제 말이 맞죠? 전화하기 전에 한번쯤 확인했다면 좋았을 텐데요. 아무튼 아직 결제 안 한 걸 확인했으니 같은 선생님과 같은 시간에 수업을 계속 이어 가려면 오늘 오후 4시까지는 결제하셔야 하는데 해주실 수 있죠?"

결제가 되지 않았음을 확인했으니 수강료를 지불하고 수업을 이어갈 수는 있겠지만, 무안함과 불쾌함을 느껴 지금처럼 밝고, 반갑게 통화하지는 않을 것이다. 지인을 소개해 주는 일은 더더욱 없었을 테고 말이다. 아니, 아예 재수강을 하지 않았을 수도 있었다고 본다. 그만큼 대결 프레임은 부정적인 영향을 끼친다.

말의 비밀 : 너 대화법으로 풀어내는 프레임 전략

**작가의 한마디**

프레임 기술은 다양합니다. 강조하기, 상황 지배하기, 상대의 프레임 전환하기, 더블 바인딩하기, 진실성 더하기, '왜냐하면' 사용하기, 상상하게 하기, 최면 걸기, 대화의 이유와 목표 상기하기, 침묵하기, 상대 허가 받기, 상대 지지하기, 상대와 함께 기뻐하기 총 13가지 방법을 익혀둔다면, 조금 더 지혜롭게 프레임을 활용할 수 있습니다.

# 프레임에
# 숨은 비밀

### 나도 모르게 프레임에 걸려든다

프레임은 우리 삶에 꽤 긴밀하게 연결되어 있다. 지금도 당신은 내가 설정한 프레임에 들어와 있음에도 눈치채지 못하고 있을 테니 말이다. 이를 설명하기 위해 질문 하나 해본다. 혹시 제주 흑돼지를 주문해 가족과 함께 먹었다는 예시를 기억하는가? 그 전에 나는 이런 문장을 사용했다. "간단하고, 쉬운 예를 하나 들어서 프레임을 설명해 보겠다." 아마 당신은 이 내용을 읽는 순간, 내가 사례로 제시한 문장을 읽기도 전에 그것이 쉽다고 무의식에서 받아들이고, 프레임을 이해할 준비를 했을 것이다. 그리고 실제로도 부담 없이 편안하게 읽으며, 가볍게 알아갔으리라 본다.

그런데 만일 내가 "한두 번 읽어서는 이해하기 어렵지만, 여러 차례 읽다 보면 점차 그 안에 숨은 의미가 보일 테니 두려워하지 말고, 일단 읽어

보라."라고 했다면, 약간 긴장한 상태로 집중해서 천천히 읽지 않았을까 한다. 아니, 그럴 수밖에 없다고 확신한다. 그런데 예상보다 쉽게 이해되더라도 어렵다는 프레임 안에 있어서 확신이 생기지 않거나, 작가는 어렵다고 했지만 쉽게 파악해서 자부심을 가질 수 있다. 두 감정 모두 어려울 것이라는 프레임에 따른 느낌이다.

이처럼 프레임에 따라 현상을 바라보는 관점과 느끼는 감정도 달라진다. 컵에 물이 반 정도 채워진 상태를 보고 반이나 남았다고 생각하기도 하고, 반밖에 안 남았다고 생각하기도 하는 것처럼 말이다. 똑같이 80점을 맞아도 어떤 아이는 칭찬을 받고, 어떤 아이는 야단을 맞는 것도 같은 이치다. 잘 믿어서 잘 속아 넘어가는 한 사람을 두고도 순수하게 보는 사람이 있는 반면, 어리석다고 평가하는 사람도 있다. 모두 각자의 프레임으로 세상을 바라보고, 상황에 대처하는 데서 오는 현상이다. 프레임은 지금까지 살아오면서 겪은 경험과 지식, 신념 등에 의해서 만들어지기에 같은 일을 겪어도 다른 반응을 보이는 것이다.

한편, 프레임은 보여주고 싶은 부분을 강조하고, 감추고 싶은 점은 보지 못하게 하려는 의도도 숨어 있다. 한마디로 의도한 대로 관계를 형성하고, 대화의 방향을 정하는 기술이다. 이런 능력이 필요한 이유는 서로의 생김새가 다르듯 각자 다른 프레임 속에서 살아가기 때문이다. 이로 인해 다양한 의견이 존재할 수밖에 없고, 갈등과 충돌이 생기는 건 당연하다. 이런 현실에서 말은 나를 표현하고, 내 생각을 전달함으로써 상대를 설득하여 영향을 미칠 수 있는 가장 훌륭한 수단이다. 더불어 상대를 이해하고, 알아갈 수 있는 소중한 수단이기도 하다. 심지어 대립 중인 사람과도 융화를 가능하게 한다.

다시 말해, 모든 대화에는 프레임이 존재한다. 그러므로 당신이 프레임 운용에 능숙하다면, 어떤 상황에서든 당신이 원하는 방향으로 대화를 끌어나갈 수 있고, 더 나아가 상대의 프레임도 관리할 수 있게 된다. 그러니 이런 유익한 수단을 알아두지 않을 이유는 없다.

### 프레임이 고정될 수 있다

나는 현재 전화·화상영어 업체를 운영하면서 종종 불만 고객을 상담하게 되는데, 그때마다 고객들의 다양한 표현 방식을 몸소 느낀다. 가령, 어떤 고객은 감정에만 몰입해 화를 내느라 본인이 무엇을 바라는지 제대로 전달하지 못하는가 하면, 어떤 고객은 그와 반대로 불편한 점과 원하는 바를 명확히 전달한다. 이때 전자는 스트레스 상태가 되면 감정에 몰입해서 그 감정을 밖으로 격하게 드러내는 프레임에 익숙한 사람이다. 그들이 그런 프레임에 굳어진 이유는, 그렇게 했을 때 갑과 을의 관계가 형성됨에 따라 상대의 사과도 받고, 갑으로서 우월감을 느낀 경험이 있기 때문이다. 이런 사례가 쌓이면, 프레임이 되는 것이다. 문제는 그와 대화하는 상대가 심한 모욕감을 느끼거나 마음에 상처를 입는데도, 그런 행동과 감정을 본인이 누려야 할 권리로 착각한다는 데 있다.

상담원들에 대한 관심이 높아진 것도 불만 고객들이 배설하는 부정적 감정을 묵묵히 받아내는 피해가 만만치 않기 때문이다. 오죽하면 고객센터를 운영하는 많은 회사에서 통화 연결음으로 상담원을 소중한 가족으로 대해달라는 안내 멘트와 함께 폭언 폭설을 처벌하는 법규까지 들려줄까. 이 역시 폭언과 폭설을 일삼는 고객의 프레임을 깨려는 시도다. 그리고 실제로 이 멘트를 사용하기 전과 후를 비교하면, 상담원들의 고통이 많이 완화되었으리라고 짐작한다. 이로써 상담원들은 조직과 사회로부터 지지받

**말의 비밀** : 너 대화법으로 풀어내는 프레임 전략

고, 보호받고 있다는 심리적 안정감을 느꼈을 테고, 이전보다 더 당당하게 자신의 업무를 수행할 수 있게 되었다.

그런데 왜 애초에 이런 문제가 생겨났을까? 분명 오래전부터 사용한 "고객은 왕이다.", "고객은 항상 옳다."라는 표현이 사회적 프레임으로 고정된 데서 시작했다고 본다. 이 프레임은 갑과 을을 명확히 구분 지으니까. 또 일명 갑질이라고도 하는 도리에 어긋난 행동을 하면서도 죄책감을 느끼지 못하는 건, 이미 습관이 되어 자연스럽게 여기기 때문이다. 이런 프레임으로 세상을 보니, 상담원에게 부정적인 감정을 쏟아내는 걸 권리로 여기고, 오히려 머리 숙여 사과하지 않는 상대를 예의 없거나 서비스 정신이 없는 사람이라고 비판한다.

만약 당신이 이런 사람을 만난다면, 어떻게 그들의 프레임에 대처해 자신을 지키면서 그들도 도울 수 있을까? 보통 거칠게 화를 내는 사람들은 상대가 머리 숙이고, 사과하기를 기대한다. 이때 즉각적인 사과를 받지 못하면, 그들은 적잖이 당황한다. 예상대로 사과를 받지 못하니 그들의 프레임은 균열이 가기 시작하고, 더 화를 내거나 꼬리를 내리는 등 저마다의 방법으로 위기를 탈출한다.

사실, 사과를 받는다 해도 그들의 화가 금세 가라앉지는 않는다. 대개는 "미안하다고 하면 다예요?", "그래서 어떻게 할 거냐고?" 등 거친 표현이 한동안 계속된다. 그러다 모든 배설이 끝나고, 화가 가라앉으면, 대화를 끝낸다. 어떤 해결책도 얻지 못하고, 단지 화내고, 사과받고, 끝내는 것이다. 가끔은 사과를 받는다고 해도 상대가 많이 숙이지 않으면, 언짢아하기도 한다. 결과적으로 아무것도 얻지 못하고, 상대에게 상처만 남긴 탓에 '진상'이라는 꼬

PART 3. 모든 일상이 프레임이다

리표만 달리게 된다.

### 나의 말을 너는 알아들어야 한다고 생각한다

대부분의 사람은 본인이 말하면 상대가 대체로 이해한다고 믿는다. 아니, 착각한다. 예를 들어, 많은 사람이 모여 있는 공원에서 엄마에게 당신의 남자 친구를 알려주는 상황이라고 가정해 보자. 당신은 분명히 손가락으로 파란색 옷을 입은 사람을 가리키며 그 사람이 남자 친구라고 이야기했지만, 여전히 엄마는 누구인지 모른다. 왜냐하면 당신이 가리킨 곳에는 파란색 옷을 입은 남성이 여럿 있기 때문이다. 또 당신은 멀리서도 남자 친구를 단번에 알아봄으로써 그가 파란색 옷을 입고 있다는 정확한 정보를 전달했지만, 엄마는 파란색이라는 정보만으로 당신의 남자 친구를 찾기란 어려울 수밖에 없다.

그렇다면 당신은 왜 당신의 남자 친구만 파란색 옷을 입었다고 생각했고, 엄마는 파란색 옷을 입은 여러 사람을 본 것일까? 당신은 당신의 남자 친구가 파란색 옷을 입은 것을 확인한 뒤, 파란색 옷을 입은 주변의 다른 사람들은 정보에서 삭제한 채 엄마에게 전달했고, 엄마는 그 방향의 모든 사람을 보면서 파란색이라는 단서만으로 당신 남자 친구를 찾으려 해서 그렇다. 따라서 당신은 남자 친구를 바로 알아보지 못하는 엄마가 답답하게 느껴지기까지 한다.

여기서 알 수 있듯, 우리는 가끔 상대가 당신만큼 지식과 정보가 있다고 가정하고, 무언가를 설명한다. 이에 따라 상대가 잘 알아듣지 못하면 답답해하고, 비난하기도 한다. 나 역시 가끔 혼자 생각하고 있던 내용을 갑자기 언급해 아내와 대화를 시도한다. 내 머릿속에 들어와 있지 않은 아내가 이

**말의 비밀** : 너 대화법으로 풀어내는 프레임 전략

해 못하는 게 당연한데도, 그게 답답해서 아내에게 면박을 주기도 한다. 사실, 면박을 받아야 할 사람은 아무런 배경 설명 없이 무작정 말을 꺼낸 나 자신인데도 말이다.

이렇듯 사람들은 무언가를 설명하거나 전달할 때 자기중심적이 되고, 상대의 입장을 고려하지 않는 경향이 있다. 이때 작동하는 프레임이 '내가 말하면 상대는 알아듣는다.'이다. 그런데 이는 커뮤니케이션에 큰 장애를 유발한다. 세상에 당신 말을 100% 알아듣는 사람은 아무도 없는데도 당신은 그것을 기대하기 때문이다. 아래는 이와 관련한 나의 특별한 경험이다.

한번은 치통이 심해서 치과를 방문했는데, 원장이 내가 말하면 상대는 알아듣는다는 프레임이 확고한 사람이란 걸 한눈에 알 수 있었다. 그는 내 치아를 촬영하고 진단한 후에 앞에 놓인 모니터를 공유하며, 통증 원인과 치료 과정을 설명했다. 그런데 도무지 이해할 수가 없었다. 물론, 전문 분야에 종사하는 사람이 전문 지식이 부족한 일반인에게 쉽게 설명하는 자체가 어려울 수 있다. 그렇다 하더라도 어느 정도는 환자의 눈높이에서 설명하려는 노력은 해야 하는데, 그에게서는 전혀 그런 모습이 보이지 않았다. 이에 나는 환자 입장에서 치료받기 전에 궁금한 몇 가지를 질문했는데, 그는 나를 아주 간단한 부분도 이해하지 못하는 사람으로 취급하며 성의 없이 답변했고, 심지어 무시하는 듯한 말투를 사용했다. 아마도 이런 그의 태도에 이 병원을 찾은 환자들은 알아듣지 못해도 이해하는 척했을 테다.

그러나 나는 참지 않았다. 즉시 그의 프레임을 깨고 싶었다. 그의 태도에 화가 나기도 했고, 그의 프레임대로 치료받고 싶지 않았기 때문이다. 이에 나는 "원장님, 치의학 전공하셨죠? 제가 원장님처럼 치과대학을 나왔나요?

PART 3. 모든 일상이 프레임이다

원장님에게는 쉽고, 기초적인 내용도 제게는 어려울 수 있습니다. 원장님 설명이 이해가 안 돼서 치료받는 사람으로서 어떤 치료를 하게 되는지 제대로 알고 싶어서 질문한 건데, 이게 무시당할 일인가요? 제가 여기 오기 전에 원장님 말씀을 다 이해할 수 있도록 미리 공부하고 와야 하나요?"라며 불편한 감정을 드러냈다. 그랬더니 그는 무척 당황하는 모습을 보였다. 나는 그 순간을 놓치지 않고, "원장님이 질문에 이렇게 대처하시면, 환자들이 어떻게 질문하겠어요. 질문하면 안 되는 겁니까?"라고 그를 더 압박했다. 그제야 그는 몇 번이고 사과하며, 내가 질문한 부분에 대해 상세하게 설명해주었다. 더 재미있는 사실은 다음 진료부터는 그가 과도하게 친절해졌다는 점이다. 내가 말하면 상대는 알아듣는다는 프레임에 갇힌 그를 '상대가 알아들을 수 있게 말해야 한다.'는 새로운 프레임으로 옮겨줌으로써 생겨난 변화다. 다른 환자들에게는 여전히 그의 방식을 고수하고 있는지 알 수 없지만 말이다.

그런데 나는 그에게서 또 다른 습관을 발견했다. 입을 크게 벌린 채 무서운 기계음을 들으며 잔뜩 긴장하고 있는 환자에게 그는 무엇인가를 설명하거나 주의 사항을 전달하면서 대답을 유도하곤 했다. 환자는 아무런 말도 못 하고, 그저 치료가 빨리 끝나기를 바라는 것밖에는 할 수 없는데도 말이다. 그걸 아는지 모르는지 그는 본인이 일방적으로 말할 수 있는 환경에서 말하는 프레임을 즐겨 사용했다. 심지어 치료를 마치면 바로 다른 환자에게 이동해서 그의 귀는 늘 닫혀 있었다. 그렇게 일방적으로 자기 말만 전달하는 그에게 더는 치료받기가 싫어서 결국 치과를 옮겼다.

새로 옮긴 치과 원장은 그와는 전혀 다른 커뮤니케이션으로 나에게 접근했다. 내 질문에 자세하게 설명도 해주고, 내 입을 벌려놓고 일방적으로

**말의 비밀** : 너 대화법으로 풀어내는 프레임 전략

무언가를 전달하는 일은 없었다. 눈을 마주하고 얘기할 줄도 알고, 치과 치료의 공포를 느끼는 환자의 마음을 이해할 줄도 알았다. 그가 나를 대하는 태도에 신뢰가 생겨서, 우리 가족 모두 소통이 가능한 새 치과로 옮겨 지금까지 만족스럽게 관리를 받고 있다.

### 마케팅도 프레임이다

나는 가끔 크라우드 펀딩 형태로 운영하는 온라인 플랫폼에서 제품을 구매한다. 펀딩 후 제품을 받기까지 시간이 조금 걸리는 편이지만, 괜찮은 가격에 새로운 아이디어의 제품을 가질 수 있다는 장점이 있어서 이 플랫폼을 이용하곤 한다.

이런 펀딩은 한 번으로 끝나기도 하지만, 반응이 좋은 제품은 재펀딩을 진행하기도 하고, 판매자는 플랫폼에서 성공한 펀딩 실적을 마케팅에 활용해 사업 확장을 시도한다. 이때 눈여겨볼 부분이 있다. 그들이 플랫폼에서 얻은 실적을 매출액이 아닌 성공 %를 활용한다는 점이다. 예를 들어, 1,200% 펀딩의 성공 신화를 이룬 제품이라는 마케팅으로 고객의 관심을 유도하는데, 해당 펀딩 목표액이 50만 원이었다면 실제 매출은 600만 원에 그친 셈이다. 그러나 그들은 절대 매출액 600만 원이라고 마케팅하지 않고, 목표액 1,200%를 초과한 제품이라는 프레임을 만든다.

모두 사실이지만, 소비자는 목표 1,200%를 달성한 제품과 600만 원어치를 판 제품을 전혀 다르게 받아들인다. 전자는 성공적으로 펀딩을 마친 제품이라서 관심이 가지만, 후자는 고작 600만 원밖에 팔지 못한 시원찮은 제품이라고 인식하는 것이다. 플랫폼에서 설정할 수 있는 최소 목표액이 50만 원인데, 의도적으로 가장 적은 금액을 목표로 설정하는 이유도 마케팅에 활용하기 위한 포석일 수도 있다.

반대로 프레임을 잘못 설정하면, 제품의 가치가 떨어지기도 한다. 나와 아내는 밤늦게 집 근처 대형마트에서 장을 보곤 하는데, 바쁜 이유도 있지만, 가끔은 신선식품을 저렴하게 구매하고 싶어서 그 시간대를 선택할 때도 있다.

얼마 전에도 늦은 시각에 마트에 들렀다. 그날은 작정하고 반조리 낙지볶음을 구매하기 위해 방문했고, 다행히 멀리서도 재고가 보여서 기대감으로 그쪽으로 이동하는데, 그날은 평소에는 없던 판매 촉진 직원이 있었다. 그 앞에 다다르자 그 직원은 우리에게 남아있는 낙지볶음을 홍보하기 시작했다. 평소에도 우리는 늦게까지 열심히 일하는 직원들에게 힘이 되어주고 싶어서 홍보 직원이 권하는 제품을 구매할 때가 많은데, 그날은 사려고 마음먹은 낙지볶음을 홍보하고 있어서 매우 반가웠다.

결론적으로 우리는 반값에 판매하는 낙지볶음을 사지 않았다. 다른 날 같으면 횡재를 불렀을 가격이었음에도 그날은 그의 설명을 듣고, 아내와 나는 약속이라도 한 듯 그곳을 그냥 지나쳤다. 그의 멘트는 대략 이랬다. "낙지볶음 남은 거 싸게 가져가세요. 정말 맛있어요. 그냥 프라이팬에 볶기만 하면 돼요. 이거 지금 못 팔면 폐기해야 해서 50%에 드려요. 몇 개 안 남았는데, 쌀 때 가져다 드세요. 정말 맛있어요."

나와 아내는 이미 먹어봐서 맛있다는 걸 알고 있었고, 가격도 반값이었는데, 판촉 직원의 말 때문에 그냥 지나쳤다. 우리는 버릴 음식을 사 먹고 싶은 게 아니라, 신선한 제품이지만 시간 내에 팔아야 하는 규정 때문에 어

**말의 비밀** : 너 대화법으로 풀어내는 프레임 전략

쩔 수 없이 저렴하게 내놓은 낙지볶음을 구매하고 싶었기 때문이다.

다시 말하지만, 프레임의 영향은 이렇게 강력하다. 우리의 일상은 언제나 프레임과 어우러져 있다. 단지 인지하지 못하고 있을 뿐이다. 그녀가 낙지볶음이 아직 충분히 신선하다고 했다면 혹은 판매 규정이 너무 엄격하다는 프레임을 내세웠다면, 우리 식탁에는 낙지볶음이 100% 올라왔을 것이다.

이쯤에서 이 책의 목적을 다시 한번 밝힌다. 먼저, 우리가 무수한 프레임 속에서 살아가고 있음을 알려주는 동시에 그 프레임을 당신 삶에 활용할 수 있도록 안내한다. 또 실시간으로 오가는 대화에서 순발력 있게 대응할 수 있는 스킬을 공유한다. 여기서 말하는 순발력이란, 대화의 판을 꿰뚫어 보고, 내가 원하는 대로 프레임을 즉각 설정할 수 있는 능력을 말하는데, 이는 다음 장부터 이어질 '너 대화'를 터득하면 갖출 수 있는 실력이다. 너 대화를 할 수 있게 되면, 상대의 감정 또는 의도 등을 오롯이 읽어낼 수 있어서다.

직접 사용해 보면 알게 되겠지만, 너 대화는 프레임 설정에 필수 요소다. 하지만 대부분은 너 대화의 개념조차 알지 못한다. 그러므로 당신이 너 대화를 정확히 알고, 제대로 사용할 수 있다면, 프레임 싸움에서 이미 승자가 된 것이나 다름없다. 이제부터 어떤 대화에서든 유유히 즐길 수 있게 만들어 줄 너 대화 세계로 들어가 보자.

작가의 한마디
우리는 늘 프레임 속에서 생활하지만, 인지를 못하고 있습니다. 따라서 상대가 구축해 놓은 프레임에 쉽게 걸려들고 말지요. 하지만 '너 대화'를 함께 익혀두면, 제3자가 설정한 프레임에 쉽게 빠져들지 않고, 오히려 프레임 싸움에서 이길 수 있습니다.

# PART 4
# 너 대화로 자유로워져라

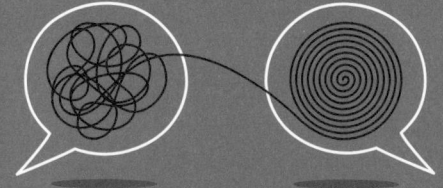

## 너 대화와의 만남

앞서 '너 대화'의 힘에 대해 살짝 언급했다. 이미 10년도 더 지났지만, 여전히 그때의 소중한 경험을 선명하게 기억하고, 그 이후로 말 공부를 하면서 사람들의 대화를 유심히 살펴보기 시작했다. 그리고 너 대화라는 용어를 정의하고, 그 효용성을 연구했다. 참고로 그 당시 나는 대학원 박사 과정을 밟고 있을 때였다. 한번은 2박 3일 동안 진행하는 집단 상담에 참여했는데, 나는 그곳에서 말의 중요성을 새삼 깨닫고, 말 공부에 대한 갈증을 느끼게 되었다.

지금도 그렇지만, 나는 줄곧 확신에 차서 당당하게 말을 잘하는 사람이었다. 덕분에 강의 활동도 활발하게 했고, 유머 감각도 있어서 내 이야기에 사람들을 쉽게 집중시켰다. 집단 상담에서도 그랬다. 심지어 내 생각과 감정을 정확하고, 자신감 있게 전달하는 여유로움에 뿌듯하기까지 했다. 그런 내게 진행자는 내가 나 중심으로만 얘기하고, 다른 사람은 보지 못한다고 했다. 이에 나는 주위 사람들을 한 명, 한 명 바라보면서 내가 평소에 얼마나 배려하면서 말하고, 어떻게 일하는 사람인지 설명하면서 반박했다. 그렇게 했음에도 불구하고 다른 참가자들도 진행자와 똑같은 반응을 보였다.

도무지 이해할 수 없었다. 아니, 답답하고 화가 났다. 도대체 어떻게 설명을 해야 내가 얼마나 주변 사람들을 고려하며 생활하는지 저들이 이해해 줄까 싶었다. 그때는 솔직히 나를 제대로 알아보지 못하는 사람들이 고지식하게 느껴졌다. 게다가 나는 그들이 나의 말에 귀 기울이지 않고, 자기하고 싶은 말만 하는 부류라고 판단하고 열을 올리며, 나라는 사람에 대해 거듭 설명했다. 그러다가 어느 순간, 나는 말문이 막혀서 아무 말도 할 수 없었다.

정말 나는 그들이 말한 대로 내 이야기만 하고 있었다. 그런데도 그들은 이런 나를 묵묵히 지켜보면서 나에게 소통하는 법을 알려주려고 애를 쓰고 있었다. 아직도 나는 그 모습을 어떻게 보게 되었는지 알지 못한다. 다만, 짧은 순간이었지만 세상이 바뀐 듯 낯설고, 오묘했다. 그리고 나를 포함한 거기에 있는 참가자들의 모습이 생생하게 눈에 들어왔다. 동시에 내 마음은 감사와 환희로 가득 차오르기 시작했다.

사실, 나는 놀라운 경험을 한 그 순간 직전까지 줄곧 내가 어떤 사람인지 알리는 데 몰두했다. 내 이야기만 줄기차게 한 것이다. 그런데도 참가자들은 그런 나를 안타까워하며, 내 입에서도 다른 참가자들의 이야기가 나올 수 있도록 무던히 노력했다. 한마디로 긴 시간, 나도 그들도 온전히 나에 대해서만 얘기하고 있었던 셈이다. 이 모습이 명백하게 보인 그때부터 내 입

**말의 비밀** : 너 대화법으로 풀어내는 프레임 전략

에서도 그들의 이야기가 나왔다. 바로 이렇게 말이다. "그렇게 여러 차례 말씀해 주셨는데, 제가 알아듣지 못하니 얼마나 답답하셨어요? 그래도 포기하지 않고, 끝까지 제가 깨우칠 수 있도록 도와주셨네요. 참 따뜻하세요. 끝까지 저를 믿고 지켜봐 주셨잖아요." 이렇게 내가 다른 참가자들을 바라보고, 그들에 대해서 말할 수 있게 되자 다들 마치 자기 일인 듯 함께 기뻐하며 축하해줬고, 행복해했다. 진심으로 그들이 고마웠다.

이를 계기로 나는 말에 대해 깊이 배우고 싶어졌다. 그래서 집단 상담 지도자 과정과 다양한 세미나에 참여하며, 말과 관련된 연구에 집중했다. 그런데 그렇게 공부가 깊어질수록 지도자 과정에 참여하는 대부분이 자기 말을 하는 데 많은 시간을 할애한다는 현실을 파악했다. 수십 년 동안 말 공부를 한 사람도 여지없이 자기 말만 하는 데 익숙하고, 상대를 보는 일에는 서툴렀다.

그리하여 나는 오랜 세월 말을 배우면서도 책과 강의장을 떠나면 실제 대화에 적용하지 못하고, 자기 말만 주로 하는 모습을 보며, 긴 시간을 투자하지 않아도 일상에서 쉽게 적용할 수 있는 대화법을 연구하는 데 정성을 쏟았다. 그것이 바로 '내 입으로 내 이야기가 아닌 상대 즉, 너에 대해 이야기하는' 너 대화다.

이렇게 한 문장으로 정의할 수 있지만, 너 대화는 오랫동안 말 공부를 했다고 하더라도 개념조차 모르는 경우가 허다하다. 그러니 당연히 일상에서 활용하지 못한다. 하지만 이 책을 선택한 당신은 걱정할 필요가 없다. 내가 최대한 쉽게 접근할 수 있도록 설명하고, 연습하는 방법까지 수록해 두었으니, 당신은 그저 흐름에 따라 읽고, 익히기만 하면 된다. 부디 내가 권하는 말의 비밀, 그중에서도 너 대화를 내 것으로 만들어 소통의 달인이 되었으면 한다.

작가의 한마디
오랫동안 말 공부를 했더라도 '너 대화'의 개념조차 모르는 사람이 많습니다. 그만큼 상대를 보는 것에 인색한 것 같아요. 하지만 꾸준히 연습하여 익히기만 하면, 어렵지 않게 활용해서 소통의 달인으로 거듭날 수 있습니다.

말의 비밀 : 너 대화법으로 풀어내는 프레임 전략

# 나 대화 vs 너 대화

    개인적으로 나는 인간이 받은 축복 중 하나가 말을 할 수 있다는 점이라고 생각한다. 물론, 말로 인해 상처를 주고받기도 하지만, 그 상처를 치유하고, 더 끈끈한 관계를 만들어주는 도구 역시 말이다. 이처럼 감동과 희망을 주는 언어가 인간만이 누릴 수 있는 선물이자 특권이라는 데 깊이 감사하고 있다.

    그러나 어떤 특권이든 주어졌다고 해서 막무가내로 사용하면 안 되듯이 말도 그러하다. 더욱이 어떻게 말하느냐에 따라 가치가 달라질 수 있어서 잘 다루어야 하는데, 그 가치를 올려주는 최고의 도구가 '너 대화'다.

    살다 보면 내 뜻과는 다른 말을 해서 또는 서툰 표현으로 오해를 받기도 하고, 관계가 멀어지기도 하고, 좋은 기회를 잃어버리기도 한다. 그만큼 말을 잘한다는 건 쉽지 않은 일이다. 특히 말을 하는 모든 상황을 예상할 수도 없고, 한번 말을 내뱉으면 다시 담을 수도 없어서 주의를 기울여야 한다.

이에 따라 사람들은 부모의 말, 리더의 말, 영업사원의 말처럼 역할과 장소 등 다양한 언어 스킬을 배우고, 익힌다. 책, 영상뿐만 아니라 고액을 요구하는 강의까지 들으면서 말이다. 그럼에도 말은 쉽게 바뀌지 않는다. 이유인즉, 배워서 깨달은 대로 시도한다고 하더라도 각자의 오래된 말 습관이 있기 때문이다. 다시 말해, 사람은 대체로 변화하면서 겪는 어색함을 견디기보다는 지금까지 써 왔던 말을 그대로 사용하는 쉬운 길로 돌아가는 것이다.

재미있는 부분은 그런 가운데도 사람들은 말을 더 잘하고 싶어 한다는 점이다. 말을 잘하게 되면 나의 의사를 잘 전달할 수도 있고, 상대에게 감동을 안겨줄 수도 있으며, 더 돈독한 관계를 맺을 수 있는 등 나를 더 나은 환경에 데려다 놓는 힘이 있음을 알고 있어서다.

그렇다면 말을 잘하려면 어떻게 해야 할까? 포기하지 않고, 조금 더디더라도 갈고 닦으면 된다. 이는 어른이 되어도 성장판이 닫히지 않는 말의 특성 덕분이다. 그러므로 의지만 있다면 얼마든지 성장할 수 있다. 또 각자 본인에게 어울리는 옷을 찾아 패션을 창조하듯이 말도 옷처럼 바꾸어서 세련되고, 품격 있게 만들 수 있다. 누구든 소유하고 있는 옷이 많으면, 시간, 장소, 상황에 따라 원하는 의상 또는 아이템을 선택해서 패션을 완성하는 것처럼 말도 그러하다. 주어진 상황에 적합한 말을 하려면 선택지가 많아야 하는데, 이는 지속적인 말 공부를 통해 마치 옷을 마련하듯이 채워나갈 수 있다.

**말의 비밀** : 너 대화법으로 풀어내는 프레임 전략

나는 다양한 선택지를 채워나가는 말 공부의 첫 출발을 나 대화와 너 대화의 차이를 정확하게 인지한 다음 실천해야 제대로 가꾸어 나갈 수 있다고 생각한다. 두 대화는 명칭에서도 느껴지듯이 나 대화는 주어가 '나'이고, 너 대화의 주어는 '너'임을 직관적으로도 알 수 있다. 하지만 그저 이해하는 수준에서 그쳐서는 안 된다.

이미 언급했지만, 우리는 내가 중심이 되는 나 대화에 익숙해져 있고, 그러면서도 상대를 배려하고 있다는 착각 속에 살아가고 있다. 설령, 너 대화로 상대를 표현한다고 하더라도 대개는 상대를 비난하거나 질책할 때 사용한다. 이런 언어 패턴은 상대를 인정하고, 칭찬하는 데는 인색하고, 오히려 잘못을 들추는 데 있어서는 적극적인 프레임에 맞춰져 있다.

당연히 경쟁 사회에서 외부의 간섭이나 공격으로부터 나 자신을 보호하려면, 나 대화가 필요하다. 그 와중에 상대의 치부를 드러내고, 잘잘못을 따지는 빈도가 높아진다는 건 마음의 여유가 없음을 증명한다. 따라서 누군가와 마음으로 교류하는 행위 자체가 어려운 현실이다. 이렇듯 마음과 마음이 만나지 않으면, 관계가 깊어질 수도 없다.

그리하여 나는 상대의 마음을 열어 사람까지 얻을 수 있는 너 대화법을 제안한다. 궁극적으로는 너 대화를 자유롭게 활용해서 말의 프레임을 자유자재로 운용할 수 있는 당신이 되기를 바란다. 더욱이 너 대화를 알고 나면, 앞서 학습했던 프레임의 개념이 더욱 명확해지고, 활용 능력도 확장된다.

다시 강조하지만, 어떤 대화에서든 유연하게 대처하려면 사용할 수 있는 말의 선택지가 많아야 한다. 이는 예측 불가능하게 전개되는 대화에서 적합한 표현을 신속하게 고를 수 있는 순발력을 갖추게 하는데, 너 대화를 공부하고 습득함으로써 이를 풍부하게 넓힐 수 있다. 만약 당신이 이와 관련해 뜨거운 마음을 품고 있다면, 당신의 능력은 기대 이상으로 커지리라 확신한다.

여기서 뜨거운 마음이란, 나 자신은 물론 상대를 사랑할 때 생기는 마음이다. 나만 사랑하면 자기중심적 프레임에 갇혀서 상대와의 교류를 중요하게 여기지 않게 되고, 상대만을 사랑하면 자존감이 떨어져서 누군가와의 소통을 두려워하게 된다. 반면, 나와 상대 모두를 존중하고 사랑하게 되면, 온기 있는 말을 주고받으면서 마음의 평안을 찾음과 동시에 상처받은 감정도 치유할 수 있다. 그 바탕에는 보통 너 대화가 전제되어 있다.

문제는 너 대화는 머리로 이해한다고 해서 능숙하게 사용할 수 있는 스킬이 아니라는 사실이다. 심지어 심리학 또는 상담학, 코칭을 깊이 있게 공부해서 사람을 돕는 사람도 때로는 상대를 보지 못하는 모습을 보인다. 그동안 쌓아온 지식과 경험에 근거해서 정답을 정해놓고, 그 길로만 안내하려고 하니, 내 입장을 전하는 나 대화가 나오는 게 자연스러울 수밖에 없다. 그래서 결국 청자로 하여금 귀를 닫게 만들기도 한다.

이렇듯 나 대화만 주로 하게 되면, 상대는 소외되면서 화자는 말의 힘을 잃는다. 반대로 상대에게 관심을 갖고 사랑의 눈으로 바라보며 너 대화를 하면, 상대의 마음이 열리게 되고, 진정한 소통에 이르게 된다.

작가의 한마디
말은 단순한 도구가 아니라 관계를 형성하고, 감동을 주는 강력한 힘을 지니고 있습니다. 하지만 대부분의 사람은 자기중심으로 말하는 '나 대화'에 익숙해져 있지요. 진정한 소통을 원한다면 상대의 마음을 열고 관계를 깊게 만드는 '너 대화'를 익혀야 합니다. 이는 말의 선택지를 넓히고, 소통의 능력을 극대화시켜 줍니다.

PART 4. 너 대화로 자유로워져라

# 너 대화 속으로

그렇다면 서로를 살리는 '너 대화'는 실생활에서 어떻게 활용하면 될까? 한 줄로 요약하면, 너 대화는 상대를 묘사하는 대화법이다. 상대를 주어로 두고, 내 눈에 보이는 혹은 내가 생각하거나 느끼는 부분을 이야기하면 된다. 즉, 묘사하는 대상에 따라서 나 대화와 너 대화로 나뉜다고 볼 수 있다.

우리는 대화하면서 상대가 어떻게 말하는지 파악할 수 있다. 간단하게는 반말을 사용했는지 높임말을 썼는지, 예의가 바른지 그렇지 않은지 쉽게 구분 가능하다. 또 감정의 변화도 겪는다. 상대의 표현에 따라 편안함을 느끼기도 하고, 언짢아지기도 하며, 신뢰가 생겨서 그를 좋아하게 되기도 하고, 실망감에 미워하게 되기도 한다. 이처럼 대화는 언제나 크고 작은 결과물을 가져온다. 그러나 우리는 결과물에만 집중하고, 그것을 결정하는 대화의 과정이 어떠했는지는 깊게 생각하지 않는다. 과정을 잘 관리한다면, 긍정적인 결과를 예측하거나 결과를 반전시킬 수도 있는데 말이다.

그래서 나는 당신이 어떻게 더 훌륭한 대화를 할 것인지 그 과정을 고민하기 바란다. 그 과정에 나 대화와 너 대화의 차이를 분명히 알고, 너 대화를 익혔으면 한다. 물론, 지금까지 사용했던 말의 형태와는 달라서 적응하는 데 시간이 제법 걸릴 수도 있다. 하지만 앞서 언급했듯 너 대화에 익숙해지면, 표현할 수 있는 말의 선택지가 무한할 정도로 많아져서 어떤 대화에서든 유연하게 대처할 수 있다. 이에 따라 부모는 좋은 관계를 유지하며 자녀를 올바르게 양육하게 되고, 리더는 구성원의 존경을 받을 수 있으며, 영업사원은 고객의 신뢰를 얻어 성과를 낼 수 있다.

이런 너 대화는 크게 행동, 성격, 감정 등의 유형으로 나뉜다. 이 외의 더 다양한 너 대화는 뒤에서 자세히 살펴보기로 하고, 여기서는 대표적인 행동·성격·감정 너 대화와 관련해 짧은 예시로 간략히 알아보자. 조금 더 쉬운 이해를 위해 하나의 설정을 곁들인다.

어느 날 갑자기 다리에 힘이 빠진 당신. 거동이 불편해져 병원에 방문했더니 척추 신경 손상이라는 진단을 받게 된다. 의사의 권유에 따라 응급 수술 후 재활 치료를 받는데, 여전히 예전처럼 걸을 수 없어서 답답하고, 걱정스럽다. 이에 회진 온 담당 의사에게 "교수님, 제가 예전처럼 혼자서 잘 걸을 수 있을까요?"라고 질문하면 어떤 답변이 돌아올까? 보통은 "말씀드린 것처럼 수술은 잘 되었습니다. 좀 기다려보죠." 혹은 "제가 말씀드렸잖아요. 수술했다고 바로 예전처럼 움직일 수는 없을 거라고요. 우선 재활 치료 잘 받으세요."라고 말한다. 이는 전형적인 나 대화다. 담당 의사가 그의 의학적 지식과 소신 그리고 그동안 쌓아온 임상 경험을 바탕으로 본인의 입장을 대변한 내용이기 때문이다. 그럼에도 의사가 친절한 목소리로 응대했다면, 당신은 환자로서 꽤 괜찮은 대답을 받았다고 판단할 수 있다. 의사라는 지위를 빼면 매우 상투적이고, 당신이 겪는 고통에 대한 고려 없이 자기가 바라보는 관점만을 일방적으로 전달했을 뿐인데도 말이다.

이는 지위의 프레임에 의한 착각이다. 의사라는 위치가 환자라는 포지션보다 우위에 있다고 받아들여서 그렇게 느끼는 것이다. 그런데 당신이 일반 환자가 아니라 그 병원의 병원장 또는 권력 있는 정치인이라면, 해당 답변은 성의 없는 브리핑에 불과하다. 지위 프레임이 달라져서 포지션 힘이 약해지기 때문이다. 그렇다면 의사가 어떻게 말해야 당신의 마음을 얻으면서 진정성 있는 답변으로 느끼게 될까? 답은 너 대화에 있다. 이때 너 대화를 사용하면, 대화가 의사 중심에서 당신 중심으로 이동하여 당신이 소통의 주체로 존중받는 느낌을 받게 된다.

그럼, 이제부터 자세하게 행동·성격·감정으로 나누어 살펴보자. 그렇다고 너 대화가 권력자에게 잘 보이기 위한 수단이라는 뜻은 아니니 오해 없길 바란다.

### 행동 너 대화
환자: 교수님, 제가 예전처럼 혼자서 걸을 수 있을까요?

의사: 수술도 잘 받으셨고, 처방받은 약도 잘 드시고, 재활 훈련도 열심히 하고 계시잖아요. 지금처럼 그렇게 꾸준히 하시면 조금씩 다리에 힘 들어가는 걸 느끼실 거고, 걷는 데 자신감도 생기실 거예요.

환자: 하긴 저도 조금씩 힘이 들어가는 느낌이 있어요.

담당 의사는 당신의 질문에 힘든 수술도 잘 받고, 약 복용도 잘하고, 재활 치료도 열심히 하는 당신의 행동을 짚었다. 담당 의사의 답변을 들은 당신은 그가 환자의 회복에 관심이 많고, 치료 과정을 꼼꼼하게 지켜보고 있음을 느끼며, 고마운 마음과 함께 안심하게 된다. 특히, 재활 치료를 적극적으로 받고 있다는 인정의 말이 동기 부여가 되어 더욱 열심히 재활 훈련에 임해서 빨리 회복하겠다는 의지를 다지기도 한다.

## 성격 너 대화

환자: 교수님, 제가 예전처럼 혼자서 걸을 수 있을까요?

의사: 재활 의지가 정말 강하고, 적극적이시네요. 그런 의지만 있다면 경과가 좋습니다. 같은 치료를 받더라도 긍정적인 분이 빨리 회복되거든요.

환자: 교수님이 그렇게 말씀해 주시니 힘이 나네요.

담당 의사는 질문에 대답을 하며, 당신을 적극적이라고 표현했다. 관점에 따라 환자의 질문이 성격이 급하거나 조바심이 있는 사람으로 보일 수 있지만, 우리가 너 대화를 사용하는 취지 중 하나는 상대에게 긍정적인 감정을 선사하기 위해서다. 그러므로 "어휴, 왜 이리 조바심 내세요. 수술한 지 얼마나 됐다고. 벌써 몇 번을 설명했는데."라고 핀잔을 주어 환자의 의욕을 떨어뜨리기보다 다소 주관적인 견해라 할지라도 긍정적인 성격을 선택하여 사기를 충전시키는 쪽이 바람직하다. 앞서 말했듯이 이런 감각은 너 대화에 눈을 뜨면, 자연스레 수많은 선택지가 보이면서 생긴다.

### 감정 너 대화

환자: 교수님, 제가 예전처럼 혼자서 걸을 수 있을까요?

의사: 걱정 많으시죠? 갑자기 걸을 수가 없어서 당황스럽고, 힘들게 수술을 받았는데도 뜻대로 걷지 못하니 답답하기도 하실 테고요.

환자: 네, 솔직히 무척 답답하고 걱정도 됩니다.

담당 의사는 환자의 질문에 환자가 걱정하고 있는 부분과 답답한 감정을 헤아리고 있다. 이로써 환자는 그저 우울하고, 답답하다고만 생각했던 자신의 감정을 이성적으로 정리하게 되었다. 더욱이 치료 과정에서 절대 권력자나 다름없는 담당 의사가 본인이 겪는 고통과 답답함을 공감해 줌으로써 그 누구의 공감보다 가슴 벅차고, 고마운 마음이 들게 된다.

**작가의 한마디**
상대를 주어로 두고 그의 행동·성격·감정을 묘사하는 '너 대화'는 듣는 이에게 존중받는 느낌을 주며, 신뢰와 긍정적인 관계를 형성하는 데 도움을 줍니다. 그래서 내 입장을 나열하는 나 대화 대신 상대 중심의 너 대화를 활용하면, 더 깊은 소통을 할 수 있지요.

말의 비밀 : 너 대화법으로 풀어내는 프레임 전략

## 행동 너 대화

지금부터는 '너 대화'의 여러 유형을 하나씩 세세하게 들여다보자. 그 첫 번째는 '행동 너 대화'다. 이는 나의 입으로 상대의 행동을 구체적으로 묘사하는 기술이다.

대부분이 그러하지만, 모든 사람의 행동에는 긍정적으로 보이는 부분과 부정적으로 보이는 부분이 있다. 당연히 전자는 다른 사람에게 드러내 인정받고 싶고, 후자는 감추고 싶어 한다. 이에 따라 누군가가 나의 좋은 행동을 말해 주면 긍정적인 감정을 갖게 되고, 그릇된 행동을 집어내면 기분이 상한다.

문제는 많은 사람이 상대의 부정적인 면에 집중하여 대화를 하고 있다는 사실이다. 물론, 상대를 비난함으로써 나의 목표를 달성하거나 만족한 결과를 얻을 수 있다. 하지만 사람을 잃을 수도 있음을 간과한다. 아니, 때로는 어쩔 수 없었다는 자기 위안을 하며 아랑곳하지 않는다.

가령, 당신이 후배에게 요청한 보고서를 받았는데 흡족하지 않다고 해보자. 이때 "이걸 보고서라고 썼어? 점심시간은 칼같이 지키면서 보고서는 졸면서 썼나? 이걸 어떻게 본부장님께 보여 드려? 지난번에도 내가 다 수정해서 보고했다는 걸 잊지는 않았겠지? 이틀 더 줄 테니까 다시 써와."라고 한다면 어떨까?

분명 당신의 목적은 후배에게 완성도 높은 보고서를 받는 데 있다. 그런데 그 과정에 일에는 집중하지 않으면서 점심시간을 칼같이 지키는 행동을 꼬집었다. 그 말을 들은 후배의 기분은 어떨까? 당황스럽기도 하고, 모욕감을 느낄 수도 있다. 만일 일찍 나가 식당에서 기다리는 시간을 줄여서라도 보고서를 잘 작성하려고 했었다면, 자신의 노력을 무시당했다고 생각할 수도 있다.

아마도 상처를 받은 후배는 다시는 그런 모욕을 겪고 싶지 않아서 한층 업그레이드된 보고서를 제출할 가능성이 높다. 따라서 당신은 원하는 결과를 얻음으로써 만족감을 느낄 수 있다. 스스로의 리더십에 흐뭇해하면서. 그러나 후배의 상황은 다르다. 이날 이후로 당신의 지시에 잘 따르고, 이전과 다른 모습을 보여주는 건 단순히 자기 자신을 보호하려는 의도이지 당신을 지지하거나 존경하는 마음에서 우러나오는 태도가 아니다. 당신에게 핀잔받지 않을 정도의 수준에서 일을 한다는 의미다.

당신이 리더로서 매사에 이렇게 대처하는 건 특별한 이유가 있지 않다.

**말의 비밀** : 너 대화법으로 풀어내는 프레임 전략

그저 당신에게 표현의 선택지가 충분하지 않았을 뿐이다. 또 목표에 충실한 탓에 상대의 감정을 고려하지 못한 것이다. 그럼, 어떻게 이야기하면 좋을까? 답은 이미 여러 번 언급했듯, 상대가 한 긍정적인 행동을 당신이 직접 언급해 주면 된다. 대개는 본인의 가치를 올리기 위해서 상대를 공격하거나 깎아내리는 언어를 사용하는데, 그렇게 하지 않더라도 충분히 나의 가치를 높일 수 있다. 아니, 오히려 긍정의 묘사와 즐겁고 행복한 소통이 당신의 가치를 높여준다.

이런 관점에서 위의 대화를 바꿔보자. "보고서 작성하느라 수고 많았어. 점심시간에도 빠르게 식사하고 돌아와서 작업했었지? 자네의 그런 열정 덕분에 내가 기대를 많이 해서 그런지 이 보고서는 조금 더 보완하면 좋을 거 같아. 본부장님도 자네에 대한 기대가 크니까 이왕이면 그 기대에 맞춰보자고. 시간은 이틀 정도 더해서 말이야. 괜찮을까?" 훨씬 듣기에도 부드럽고, 상대의 의욕을 고취하는 멘트다. 이렇게 마음이 열리면 당신에 대한 호감도는 상승할 수밖에 없다.

또 다른 예시를 살펴보자. 당신은 자동차를 구매하기 위해 매장에 방문했다. 친절하게 안내해 주는 담당 영업사원이 고마워서 "상담을 참 잘하시네요."라고 했다고 해보자. 이 말을 듣고 기분 상할 사람이 과연 있을까? 당신이 계획적으로 한 말은 아니겠지만, 이는 명백히 행동 너 대화다. 상대의 모습을 관찰하고 전한 말이라서 그렇다. 만약 더 세밀한 행동 너 대화를 하고 싶다면 "마력이 무엇인지 늘 궁금했었는데 어쩜 이렇게 이해가 쏙쏙 되게 설명하세요?"처럼 구체적으로 영업사원의 칭찬할 행동을 곁들이면 된다.

한편, 너 대화는 나를 적극적으로 방어할 필요가 없는 상대와 교류할 때

PART 4. 너 대화로 자유로워져라

더 잘 발현된다. 그래서 아이들과 대화할 때는 다음과 같이 너 대화가 자주 등장한다.

"어쩜 이렇게 인사를 잘해? 유치원에서 배웠어?"
"와! 정말 잘 그렸다. 그림자를 이렇게 그린 거구나."
"우리 딸, 참 부지런한네. 일찍 일어나서 벌써 세수도 하고."

아이들과는 계산적인 관계가 아니라 그저 진심 어린 관심과 사랑으로 내가 공격받을 걱정을 하지 않고, 열린 마음으로 소통을 할 수 있다. 설령 공격을 받는다 해도 큰 영향이 미치지 않아서 이렇게 자연스럽게 너 대화를 할 수 있다. 반대로 업무를 할 때나 성인과의 교류에서는 방어기제가 자연스럽게 작용해서 이런 너 대화가 쉽지 않다.

다시 영업사원과의 대화로 돌아가 보자. 당신은 영업사원을 긍정의 눈으로 바라보며 행동 너 대화를 했다. 이때 대부분은 "고맙습니다."라고 대답한다. 이는 흔히 할 수 있는 '나 대화'다. 계약을 성사시키고 싶은 마음에 상대가 아닌 자기 자신에게 집중함에 따라 나타나는 반응이다. 수많은 교육을 통해 고객 입장에서 설명하고, 판매해야 한다고 배웠음에도 현장에서 어떻게 적용해야 하는지 모르는 경우가 다반사다. 심지어 강사조차도 구체적인 예시를 안내하기보다 이상적인 요소를 전달하는 데서 그칠 때가 많다. 그럼에도 당신은 기뻐할 수 있다. 당신의 격려에 고마워하는 사람을 보는 자체만으로도 행복해질 수 있으니까.

그런데 만일 영업사원이 "고객님께서 오히려 제 설명을 잘 들어주셨어요."라고 한다면 당신은 어떤 기분이 들까? 다시 말해 당신이 영업사원을

**말의 비밀** : 너 대화법으로 풀어내는 프레임 전략

칭찬했는데, 영업사원이 행동 너 대화로 그 공을 당신에게 돌리는 상황이 되면 어떨까? 기대하지 못했던 긍정적인 반응에 당신은 영업사원을 더 호의적으로 바라보게 되고, 그의 말에 더 귀 기울이게 된다. 왜냐하면 그가 당신을 잘 들어주는 사람이라고 프레임 한 덕분이다.

이처럼 행동 너 대화는 상대의 기분을 좋게 만듦으로써 호의적인 관계를 이어가게 해준다. 그 힘을 아는 덕분에 나는 일상에서 행동 너 대화를 잘 활용한다. 한번은 큰딸이 초등학생 5학년일 때, 나와 아내는 학부모 상담 중에 최근 아이가 스피드스케이팅 레슨을 등록했다고 담임 선생님에게 전달했다. 그랬더니 "얼마 전 진행한 설문조사에서 스케이팅을 하고 싶다고 썼던데 벌써 시작했나 보네요. 제이 참 좋겠다."라고 했다. 그 말을 듣자마자 나는 "선생님, 대단하시네요. 어떻게 제이가 스케이팅을 하고 싶다고 쓴 걸 기억하세요? 반 아이가 한두 명도 아닌데요."라고 행동 너 대화로 답변했다. 그 순간 선생님의 표정에서 여러 감정이 스쳤다. 쑥스럽게 웃고 있지만 매우 기뻐하는 게 느껴졌다. 그 당시 내가 단순히 "네, 아이가 너무 하고 싶다고 보채서요."라고만 했다면 선생님의 그런 표정은 보지 못했을 테다.

입장을 바꿔서 상대가 행동 너 대화를 하면 오랫동안 기억하게 된다. 나는 강의 중에 참가자의 질문에 답변을 마치고 "충분히 이해하셨나요?"라고 묻는다. 추가 설명을 해서라도 이해를 돕고 싶어서다. 그럼 대부분 "네, 이해했습니다."라고 한다. 그런데 하루는 한 참가자에게서 "네, 강사님이 정말 이해하기 쉽게 설명해 주셨어요."라는 답변이 돌아왔다. 덕분에 나는 단숨에 어려운 내용도 쉽게 설명하는 훌륭한 강사가 되었다. 동시에 내 강의를 듣고 바로 행동 너 대화를 실천한 수강생의 모습에 가슴 한쪽이 찌르르했다. 그 짧은 한마디에 그런 감동을 받을 수 있다는 사실이 신기했다. 더욱이 나는 나 대화와 너 대화를 구분하고, 분석하며 활용하는 게 일상인데도, 지금까지 그 참가자의 행동 너 대화는 특별한 기억으로 남아있다.

이처럼 너 대화는 진정성만 있다면 아무리 자주 들어도 기분이 좋아지고, 행복해진다. 참고로 나는 아내와 함께 일하며 많은 시간을 같이 보내지만, 우리 대화가 진부하지 않은 이유는 너 대화 덕분이라고 확신한다. 한마디로 대화가 재미있다. 말할 수 있는 다채로운 선택지가 있으며, 상대의 반응이 흥미롭고, 상대의 마음과 의도 또한 헤아릴 수 있어서다. 내가 너 대화법의 개념을 정리한 게 이미 10년이 넘었는데, 사용하면 할수록 그 가치가 크게 느껴진다. 그로 인해 일상의 소소한 대화도 즐겁고, 행복하게 할 수 있다고 본다.

또 너 대화는 마음의 평정심도 유지해 준다. 너 대화에 익숙해지면 어떤 대화도 두려움 없이 맞설 수 있어서다. 혹 마음 수련의 방법을 알고 있다고 하더라도 상대가 본인을 몰아붙이는 불편한 대화가 시작되면, 이성적인 판단을 하기 어렵다. 대개 맥박이 빨라지거나, 식은땀도 나고, 무슨 말을 어떻게 해야 할지 몰라서 자기 자신에게 집중하게 되기 때문이다. 따라서 상대의 태도를 비난하는 부정적 너 대화를 하거나 본인을 보호하기 위해 나 대화를 쏟아내게 된다. 그렇게 되면 관계도 나빠질 수밖에 없다.

이와는 반대로 너 대화를 할 수 있는 사람은 자신을 보기보다는 상대의 장점을 볼 수 있는 여유가 있고, 시시각각 변화하는 상대의 감정 흐름도 읽을 수 있어서 상대의 긴장감을 풀어줄 수도 있고, 상대를 내 편으로 만들어 문제를 함께 해결해 나가는 파트너로 만들 수도 있다.

말의 비밀 : 너 대화법으로 풀어내는 프레임 전략

그렇다고 늘 너 대화를 사용해야 하는 것은 아니다. 그러나 너 대화를 활용할 수 있는 능력이 있다면, 나 대화든 너 대화든 선택할 수 있는 대화의 폭이 넓어짐은 물론, 내가 원하는 프레임을 자유자재로 만들 수 있다. 이에 일상에 적용할 수 있는 행동 너 대화 몇몇 예시를 공유해 본다.

작가의 한마디
'행동 너 대화'는 상대의 긍정적인 행동을 구체적으로 묘사함으로써 좋은 관계를 형성하고, 상대에게 좋은 감정을 들게 하며, 상대의 의욕을 북돋우는 강력한 소통 기술입니다. 상대가 자부심을 느낄만한 행동을 묘사해 주면, 신뢰와 호감이 쌓이고, 대화의 선택지가 넓어져 더 효과적인 소통이 가능해지니까요.

## 실전연습 1. 일상 속 행동 너 대화

### 예시 ①

아내: 여보, 도은이가 미술경연대회에서 최우수상을 받았다니까 기쁘죠?

나 대화: 그럼, 당연히 기쁘지. 내가 그림 잘 그리잖아. 역시 나를 닮아서 그림을 잘 그린다니까.

행동 너 대화: 당신이 그동안 도은이 미술학원 데리고 다니느라 애썼어. or 당신이 도은이가 그림에 소질 있는 것 같다고 미술학원 보내자고 했잖아.

아이가 미술경연대회에서 최우수상을 받은 성과를 아내의 공으로 돌린다. 아이를 미술학원에 데리고 다니느라 애쓴 자신의 모습을 알아봐 주는 남편에게 아내는 고마운 마음도 들고, 자신의 행동에 자부심을 느끼게 된다.

말의 비밀 : 너 대화법으로 풀어내는 프레임 전략

### 예시 ②

식당 주인: (반찬을 더 가져다주며) 부족한 반찬은 언제든지 말씀하세요.

나 대화: 고맙습니다.

행동 너 대화: 말씀도 안 드렸는데 알아서 챙겨주시네요. 손님들 테이블을 일일이 다 살피시나 봐요?

식당 주인은 늘 하는 일이라 자연스럽게 서비스한 건데, 당신이 그를 특별한 서비스를 제공하는 사람으로 만들어 주었다. 이 이야기를 들은 식당 주인은 기분이 좋아지고, 당신은 자연스레 그 식당의 특별한 손님으로 기억된다.

### 예시 ③

고객 상담사: 고객님, 또 다른 도움이 필요한 부분은 없으실까요?

나 대화: 네 없습니다. 고맙습니다.
행동 너 대화: 정말 잘 설명해 주셨어요. 아주 친절하게요. or 아주 잘 도와주셨어요. 어쩜 이렇게 이해하기 쉽게 설명을 하세요?

상담사가 "고객님, 또 다른 도움이 필요한 부분은 없으실까요?"라고 마무리하는 건 준비된 멘트다. 이때 "네 없습니다. 고맙습니다."라는 고객의 답변도 정해진 각본 같은 느낌이다. 하지만 기대하지 못한 고객의 행동 너 대화는 이벤트처럼 특별한 기분이 들게 하고, 자신이 하는 일에 보람도 느끼게 된다.

PART 4. 너 대화로 자유로워져라

예시 ④

나: (어버이날 혼자 계시는 어머니를 찾아뵙고 용돈을 드리며)

나 대화: 용돈 많이 못 드려서 죄송해요. 같이 외식도 하고, 같이 가서 옷이라도 사드리고 싶은데, 바빠서 그렇게 못하네. 얼마 안 되지만 친구분들이랑 맛있는 것도 드시고 하세요. 잘 키워줘서 감사해요.

행동 너 대화: 엄마, 우리 키우느라 정말 고생했어요. 꼭두새벽부터 아침밥 챙겨주고, 가게에서 온종일 손님들이랑 실랑이하고. 아버지 없이 혼자서 많이 힘들었을 텐데, 항상 우리한테 밝게 웃으면서 잘 키워주셨어요. 나도 이제 아이 키우니까 이제야 엄마 마음 알 것 같아. 정말 고마워요.

어머니는 당신이 찾아와 고마움을 전하면, 나 대화든 너 대화든 관계없이 감동하며 당신이 대견해 보일 것이다. 그러나 두 대화는 차이가 있다. 이 상황에서 너 대화만을 훌륭하다고 단언할 수는 없지만, 당신이 어머니의 노고를 잘 알고 있음을 느끼게 하는 대화는 후자다. 어머니가 대가를 바라고 헌신적으로 당신을 키우지는 않았지만, 너 대화를 들으면 당신이 어머니의 수고를 잘 알고 있다는 사실에 감격하게 된다. 동시에 고생했던 지난 시간이 가치 있는 일이었음을 느끼고, 자부심을 갖게 된다. 이 같은 표현은 마치 표창장에 해당 상을 받을 만한 행동을 기술하는 것과 같다. 그러니 "고맙습니다." 또는 "감사합니다."라는 단순한 표현보다 감사함을 느끼게 한 행위 자체를 구체적으로 언급해 보자. 이는 상대에게 표창장을 수여하듯 강력한 메시지가 되곤 한다.

**말의 비밀** : 너 대화법으로 풀어내는 프레임 전략

예시 ⑤

나: (팀 프로젝트 주제를 결정하기로 한 첫 미팅 때) 내가 어떤 주제가 좋을지 고민하다가 괜찮아 보이는 2개를 미리 사전 조사를 해봤어. 자, 이게 정리한 내용이야.

나 대화: 와, 대박! 둘 다 좋으니 더 쉽게 준비할 수 있는 주제로 정하면 되겠다.

행동 너 대화: 어제 팀이 결성됐는데, 잠도 안 자고 준비했구나? 어떻게 이렇게 꼼꼼하게 정리해 왔어?

당신은 팀원들이 좋아하는 모습을 보는 것만으로도 보람을 느낄 테지만, 당신이 밤새 준비한 사실을 알아준 사람에게 마음이 열리고, 행복해진다. 만일 이때 누군가 "너는 매번 우리를 부끄럽게 만드네. 그게 그렇게 재미있니?"라고 너 대화로 농담을 하며 당신의 노력을 인정하면, 팀원 모두 웃으면서 즐겁게 프로젝트를 시작할 수 있다.

# 성격 너 대화

두 번째 너 대화는 '성격 너 대화'다. 성격 너 대화는 말 그대로 상대의 성격이나 성향을 언급하는 것이다. 즉, 상대의 행동을 보고 느낀 성품을 전달하는 것이다. 이에 따라 행동 너 대화와 성격 너 대화의 가장 큰 차이점은 전자가 객관적인 관점이라면, 후자는 주관적이다.

만일 행동 너 대화에서 상대가 실제로 행하지 않은 부분을 이야기하면, 상대는 인정은커녕 놀림을 당했다고 여기거나 불쾌감을 느낄 수 있다. 당연히 당신에 대한 신뢰도 떨어진다. 반대로 성격 너 대화는 당신의 주관적인 견해를 말하는 것이라서 참과 거짓으로 나눌 수 없을뿐더러 긍정의 관점으로 바라보고 이야기한다면, 상대에게도 좋은 인상을 줄 수 있다. 다시 말해, 듣는 사람의 감정에 영향을 미칠 수 있다는 뜻이다.

**말의 비밀** : 너 대화법으로 풀어내는 프레임 전략

가령, 회의 중에 여러 의견을 내고, 다른 사람이 발언하는 중에도 궁금한 점이 생기면 바로 질문하고, 반대 의견을 내는 데도 주저하지 않는 사람이 있다고 해보자. 그의 행동을 지켜본 사람들은 그를 어떤 사람이라고 받아들일까? 누군가는 대단히 적극적이고 에너지 넘치는 사람이라고 생각할테고, 누군가는 잘난 척하거나 설치는 사람으로 볼 수 있다. 또 다른 예로, 아이를 키울 때 어떤 날은 아이가 매우 사랑스럽지만, 어떤 날은 성가시게 느껴져 다그치게 된다. 아이의 행동이 다른 날과 큰 차이가 없었는데도 당신의 기분과 컨디션에 따라서 아이가 다르게 보이기 때문이다. 그러면 아이 입장에서는 엄마 아빠가 유독 짜증을 내는 날이 된다. 이렇듯 긍정적인 관점으로 바라보느냐, 부정적인 관점으로 바라보느냐에 따라서 상대의 성격과 성향은 달라진다.

그렇다면 너 대화로 긍정적인 분위기를 조성하려면 어떻게 해야 할까? 기본적으로 상대를 사랑하고, 존중하는 마음을 가져야 한다. 아무리 예쁜 말로 칭찬을 한다고 하더라도 당신 안에 사랑과 존중이 없다면, 상대의 마음을 움직일 수 없다.

한편, 성격 너 대화는 타이밍이 중요하다. 상대의 행동에 따른 해당 상황의 주관적인 견해라서 상대의 행동을 기억해 두고 있다가 시간이 지난 후에 사용하면 어색한 분위기가 되거나 상대가 의아하게 여길 수도 있다. 예를 들어, 잦은 야근으로 매우 힘들어하는 당신에게 상사가 고생이 많다며 손수 피로회복제를 챙겨준다고 해보자. "부장님, 참 따뜻하고 세심하세요." 혹은 "역시 부장님은 센스가 남달라요."라고 한다면 부장님이 흐뭇하면서도 멋쩍은 미소를 보이겠지만, 그로부터 한참 뒤에 대뜸 "부장님, 참 센스 있어요."라고 하면 상사는 당신이 말한 의도를 제대로 파악하지 못해

의아해할 수 있다. 당신의 말을 듣고, 그 근거를 바로 떠올리지 못하기 때문이다. 대신 아래처럼 전하면 상황은 달라질 수 있다.

"부장님, 참 따뜻하고 세심하세요(성격). 지난번에 프로젝트 진행하면서 피곤하고 힘들 때, 부장님께서 직접 피로회복제 사 와서 챙겨 주셨잖아요(행동). 그때 얼마나 감사했는지 몰라요. 정말 그거 먹으니까 바로 힘이 나더라고요."

"부장님, 참 센스가 넘치세요(성격). 프로젝트 진행할 때 모두 지쳐 보인다고 힘내라고 피로회복제 건네주셨잖아요(행동). 부장님 마음이 느껴졌어요."

상대는 이미 잊은 일을 행동 너 대화와 성격 너 대화로 상기시켜 멋진 사람으로 만들어 주었다. 이로써 전혀 기대하지 못한 큰 선물을 받은 기분이 드는 건 당연하다.

성격 너 대화를 듣는 사람 입장에서 생각해 보자. 행동 너 대화는 스스로 실천한 객관적인 사실이다. 따라서 상대가 짚어준 행동이 긍정적이면 인정과 칭찬을 받은 듯하고, 부정적이면 질책받는 느낌이 들기 마련이다. 하지만 성격 너 대화는 말하는 사람의 주관이라서 그동안 익숙하게 들어온 말이라면 무의식적으로 자연스럽게 받아들이지만, 그렇지 않다면 상대의 말이 참인지 거짓인지를 구분하거나 어떤 의미인지를 파악할 시간을 필요로 한다. 그래서 행동 너 대화로 부연 설명을 하면, 말하는 사람의 의도를 이해하게 됨으로써 거부감 없이 받아들이게 된다. 한마디로 행동 너 대화로 먼저 설명한 뒤 성격 너 대화로 칭찬하면, 대화가 조금 더 순조로워진다. 물

말의 비밀 : 너 대화법으로 풀어내는 프레임 전략

론 순서를 바꾼다고 문제가 될 건 없다. 성격 너 대화를 먼저 사용하면, 상대는 당신이 말한 의도에 호기심이 생겨서 행동 너 대화를 주의 깊게 듣게 된다. 조금 더 쉬운 이해를 돕기 위해 두 상황의 차이를 아래의 사례로 살펴보자.

회식 자리에서 늘 마지막까지 남아서 동료직원들을 챙기는 사원이 있다. 그에게 전하는 말이다.

행동 너 대화 → 성격 너 대화
: 넌 어떻게 술도 마시지 않으면서 자리에 끝까지 남아서 취한 사람들을 일일이 챙겨 택시도 잡아주고, 대리도 불러주고, 심지어 네 차로 직접 집까지 태워주니(행동)? 그런 거 보면 너 진짜 책임감이 강한 거 같아(성격).

성격 너 대화 → 행동 너 대화
: 넌 참 책임감이 강해(성격). 어떻게 술도 마시지 않으면서 자리에 끝까지 남아서 취한 사람들을 일일이 챙겨서 택시도 잡아주고, 대리도 불러주고, 심지어 네 차로 직접 집까지 태워주니(행동)?

앞서 설명한 두 대화의 미묘한 차이를 충분히 파악했으리라 생각한다. 이쯤에서 실전에서 직접 사용할 수 있는 성격 너 대화 사례를 살펴보자. 꼭 기억해 두었다가 감동을 전달하는 대화를 시도해 보길 바란다.

작가의 한마디
상대의 성격을 긍정적으로 표현하는 '성격 너 대화'는 듣는 사람에게 좋은 인상을 주고, 감동을 전할 수 있습니다. 특히, 행동 너 대화와 함께 사용하면, 상대가 오래 기억할 수 있는 멋진 칭찬이 된답니다.

## 실전연습 2. 일상 속 성격 너 대화

**예시 ①**
식당 주인: (다 먹은 반찬을 채워준다)

나 대화: 고맙습니다.

성격 너 대화: 정말 친절하고, 섬세하시네요(성격). 어떻게 반찬 빈 걸 다 알고 가져다주시나요(행동)? 그래서 이렇게 손님이 많은가 보네요.

간혹 너 대화 강의를 하다 보면 너 대화는 말이 길어진다고 하는 수강생들이 있다. 그럼, 이 상황에서는 "정말 친절하시네요."라고 성격 너 대화만 해도 괜찮다. 하지만 대부분은 듣기 좋은 말은 더 길게 듣고 싶어 한다. 칭찬에 익숙하지 않아서 겸연쩍을 수는 있지만, 듣기 싫은 게 아니라 어떻게 반응해야 할지 몰라서 쑥스러워하는 것이다. 그러니 식당 주인이 당신의 너 대화를 듣고 적절한 답변을 못하거나 "아니에요."라고 짧게 대답하며 기뻐하는 모습을 보이지 않았다 하더라도 실망하지 마라. 당신이 진심을 전달했다면 식당 주인은 마음 깊이 감사하며, 뿌듯한 감정을 느꼈을 게 분명하다. 그로 인해 당신이 다시 그 식당을 방문한다면 반갑게 맞아줄 것이다.

### 예시 ②

나: (오랜만에 만난 후배와 술 한잔하며) 난 요즘 매일 새벽 5시에 일어나서 동네 한 바퀴 뛰고, 회사 근처 영어 회화학원에서 수업 하나 듣고 출근해. 그렇게 하니 하루가 엄청 알차고, 뿌듯하더라. 그래서 오랜만에 널 만나서 반갑고 좋기는 하지만 내일 일찍 일어나야 해서 딱 1차만 하는 거야. 너도 미라클 모닝 한번 해봐. 처음 며칠은 힘들어도 금방 적응되니까.

나 대화: 아니에요, 형님. 저는 아침잠이 많아서 새벽에 일찍 일어나는 건 정말 못해요. 아침에 출근하려고 일어나는 것도 얼마나 힘든데요.

성격 너 대화: 형님, 정말 대단하세요. 열정적이시고요(성격). 어떻게 그렇게 매일 일찍 일어나세요(행동)? 저도 그렇게 하고 싶은데 워낙 잠이 많아서요.

당신은 아침 시간을 효율적으로 활용하는 게 좋아서 아끼는 후배에게 미라클 모닝을 권했다. 그런데 후배가 딱 잘라서 자기는 못한다고 하면 겸연쩍을 수 있다. 그러나 후배의 성격 너 대화는 당신을 지지하고 존경한다는 느낌이 들어서 그가 당신이 권유한 미라클 모닝을 하지 않더라도 섭섭하지 않다.

**말의 비밀** : 너 대화법으로 풀어내는 프레임 전략

### 예시 ③

직장 후배: (아이가 아프다는 연락을 받고 회식 자리에서 먼저 일어난 당신에게) 팀장님, 아이는 괜찮아요? 어제 아이가 아프다는 연락 받고 저녁도 못 드시고 먼저 일어나셨잖아요.

나 대화: 그 상황에 저녁이 문제야? 아이가 아프다는데 무조건 달려가야지. 아무튼 다행히 아이는 괜찮아. 원래 아이 키우면서 응급실 한두 번은 다 가는 거야.

성격 너 대화: 박 대리는 참 따뜻하고 꼼꼼해(성격). 그런 걸 다 기억하고 있다가 챙겨서 물어봐 주고(행동). 급체한 거라 응급실 가서 바로 해결했어. 고마워.

박 대리는 늘 당신 일에 관심 갖고 도와주는 사람이다. 그런 그녀에게 고마운 마음은 있지만, 제대로 감사함을 표현하지 못하고 지내고 있다. 그런 상황에서 당신이 너 대화를 할 수 있다면 그녀의 모습을 명확하게 바라볼 수 있고, 그녀에 대한 고마움을 자연스럽게 전달할 수 있게 된다. 바뀐 부분은 아무것도 없고, 단지 너 대화를 할 뿐인데, 그녀의 존재 가치가 올라가고, 그녀도 당신의 마음을 알게 된다. 이런 너 대화는 자주 할 필요도 없다. 한두 번으로도 당신은 그녀의 따뜻한 마음을 잘 알고 있는 사람이 될 수 있다.

### 예시 ④

나: (철 대문 손잡이 부착이 쉽지 않아 때마침 방문한 다른 기사에게) 기사님, 죄송한데 가지고 있는 장비로 여기 손잡이 달아주실 수

있을까요?
기사: 안 그래도 아까 문 열면서 손잡이 하나 있으면 좋겠다고 생각했어요.

나 대화: 그러셨어요? 그럼, 좀 부탁드릴게요. 고맙습니다.

성격 너 대화: 와! 기사님, 정말 센스 있네요(성격). 부탁드리는 제가 미안하지 않게 어쩜 말씀을 그렇게 예쁘게 하세요(행동)?

기사가 정말 그렇게 생각했는지는 알 수 없지만, 그의 센스 있는 대응으로 당신의 마음은 순식간에 편해진다. 이때 보통은 자신을 편안하게 해준 상대보다는 편해진 자신을 바라보고 대화하게 된다. 하지만 너 대화로 칭찬하면, 기사는 일이 추가되어도 기분이 좋다.

### 예시 ⑤

교사: (과제를 잘한 학생을 칭찬하며) 이번 과제는 철민이가 아주 잘했어. 생각을 논리적으로 정리했고, 특히 자기 경험과 작가의 경험을 비교하는 부분이 훌륭했어.

철민: 선생님, 실은 혼자 하다가 시간이 모자라서 AI 힘을 빌렸어요. 죄송합니다.
나 대화: 뭐? 어쩐지 너무 잘했다고 생각했어. 선생님이 인터넷에 남이 올려 둔 내용 가져오거나 AI 이용하면 안 된다고 했지?

성격 너 대화: 철민이 너, 아주 정직하구나(성격). 선생님이 칭찬할

**말의 비밀** : 너 대화법으로 풀어내는 프레임 전략

때 용기 내서 사실대로 말하기가 쉽지 않았을 텐데, 네가 지금 솔직하게 말한다는 건 잘못한 부분 뉘우치고, 다음부터는 그렇게 안 하려고 그러는 거지(의도)?

철민이는 혼날 것을 각오하고 솔직하게 얘기했는데, 선생님이 오히려 칭찬해 주니 정직의 중요성을 몸소 깨닫게 된다. 또 만일 선생님이 "과제는 어려워도 스스로 하는 거야. 그래야 발전이 있지."라고 말했더라면 일방적으로 가르치는 느낌이 들었겠지만, 다음부터 스스로 과제를 하려는 자신의 각오를 선생님이 알아줘서 기쁘기도 하고, 동기 부여도 된다. 이 같은 '의도 너 대화'는 뒤에서 더 자세히 나누겠다.

## 감정 너 대화

　행동과 성격은 명확한 기준이 없어도 바른 것과 그른 것 혹은 호감과 비호감은 대략 구분할 수 있다. 반면, 감정은 그런 잣대를 제시하기가 모호하다. 왜냐하면 감정은 비판의 대상이 아니라 인정하고, 받아들여야 할 대상이라서 그렇다. 그러므로 상대의 감정이 예상과 다르거나 당신에게 부정적인 감정을 갖더라도 비판하거나 책임을 묻기보다 그대로 인정해야 한다.

　물론, 극단적으로 이런 반문을 할 수도 있다. "누군가를 죽이고 싶은 마음도 존중해야 하나?" 이는 예외다. 아니, 더 정확히 말하면 이는 감정이 아니라 생각이라서 질문 자체가 틀렸다. 당연히 분노나 증오와 같은 감정이 부정적인 행동에 이르게 할 수는 있다. 이때 감정 자체는 이해할 수 있지만, 부정적인 생각을 지지할 수는 없다. 그래서 감정과 생각을 구분할 수 있어야 하며, 이를 통해 감정에는 공감을 하고, 잘못된 생각은 관리하여 없애야 한다.

**말의 비밀** : 너 대화법으로 풀어내는 프레임 전략

한편, 감정은 수시로 바뀌면서 무수히 변하는데, 긍정의 감정이 들 때 공감해 주면 그 긍정이 더 커지고, 슬프거나 놀라고 두려움과 같은 감정에 공감해 주면 위로를 받는 듯하여 부정적인 감정의 크기가 줄어든다. 이에 따라 '감정 너 대화'는 상대의 감정을 당신의 입으로 묘사함으로써 공감하는 스킬이다.

실제로 공감은 상대가 특정한 상황에서 겪는 감정을 함께 느껴주는 일이다. 즉, 상대와 같은 기분으로 그 상황에 함께 있어 준다는 의미다. 당신도 누군가가 당신의 이야기에 잘 공감해 준다는 느낌을 받은 적이 있을 것이다. 그때 상대가 "공감합니다."라는 말을 하지 않았더라도 그런 생각이 드는 건 상대가 기쁨, 슬픔, 아픔 등 당신의 감정을 진심으로 이해하고, 같은 기분을 느끼는 덕분이다. 반대로 "공감합니다."라는 말을 하더라도 듣는 사람 입장에서 함께 느끼는 마음이 전달되지 않으면 공감받았다고 생각하지 않는다.

그럼, 어떻게 하면 진정으로 공감한다는 느낌을 전달할 수 있을까? 사실, 당신이 진정으로 공감한다면 굳이 말로 표현하지 않아도 상대는 공감하는 당신을 느낄 수 있다. 하지만 더 깊이 공감하는 마음을 전달하기 위해 때로는 당신이 공감하고 있음을 말로 전달할 필요가 있다. 이를 잘못 이해하면 "공감합니다."라고 말해야 한다고 착각할 수 있는데, 이는 전형적인 나 대화이자 누구나 할 수 있는 형식적인 말이다.

요약하자면, 감정 너 대화는 상대가 느끼는 감정을 구체적으로 당신의 입으로 표현하는 것이다. 단, 상대 입장에서 어떤 감정은 당신이 몰라주면 화가 나기도 하고, 속상하기도 하고, 어떤 감정은 알아차리면 불편해질 수 있다는 점을 유념해서 감정 너 대화를 해야 한다. 이렇게 하면 상대는 진정으로 공감받았다는 생각에 마음이 가벼워지기도 하고, 위안을 느끼기도 하고, 힘이 나기도 한다. 그런 감정 너 대화를 실전연습의 예시를 통해 살펴보자.

그 전에 하나 짚고 넘어갈 부분이 있다. 공감을 잘하는 사람은 사람들에게 위로와 평안을 주지만, 때로는 공감하면서 그 감정에 깊숙이 빠져 들어 힘들어하기도 한다. 그러나 앞서 말했듯 감정은 영원하지 않고, 들어오고 나가는 것이라서 그 순간이 지나면 공감하면서 같이 힘들어했던 감정은 자연스레 작아지고, 다른 감정이 생성돼서 일상을 살아가게 된다. 이런 경험이 반복되면서 공감 능력이 점차 커진다.

그런데 어떤 사람들은 특정한 감정에 과몰입되어 객관성을 잃고, 그것을 공감이라고 여기면서 일상으로의 복귀를 힘겨워한다. 가령, 병들고 약해진 노모를 돌보면서 그 아픔을 같이 느끼고, 함께 고통스러워하는 경우다. 어떤 경우는 아픈 부모님보다 더 고통을 느끼며, 다른 감정으로 전환하지 못하기도 한다.

그러나 감정 너 대화는 상대의 감정을 함께 느끼고, 그 감정을 표현하여 상대가 공감받고 있다고 느낄 수 있게 하라는 것이지 상대의 아픔을 바라보며, 감정적으로 힘들어지라는 게 아니다. 당신이 감정 너 대화를 사용할 때 상대가 위로받고 힘을 얻듯이 당신 또한 정서적으로 더 충만해져야 하는데, 그렇지 않다면 자칫 정서적인 안정이나 재충전 없이 당신의 에너지가 소모되어 고갈되고, 고통 속에 머물게 된다.

그래서 때로는 감정을 차단하는 기술이 필요하다. 간병인이 매일 고통 받는 환자를 대하면서도 정서적으로 흔들림 없이 병간호를 잘할 수 있는 이유는 환자를 바라보며 안쓰러운 감정에 빠지지 않고, 그 순간 자신이 해야 할 일을 명확히 알고, 그 일에 집중하는 덕분이다.

이 같은 감정 차단은 감정적으로 지치고 힘들 때, 감정이 흐르는 경로를 없애거나 바꿔서 그 감정에 몰입하지 않게 하는 것이다. 귀로 듣거나 눈으로 보며 받아들이는 자극이 감정으로 연결되는데, 이때 자극과 감정을 연결하는 선이 있다고 가정하고, 그 선을 끊어서 자극과 감정이 몸 밖으로 배출되는 이미지를 그려보면 좋다.

이는 선택의 문제다. 예를 들어, 자식으로서 부모의 고통을 함께 느끼는 것이 도리이고, 효도라고 생각한다면, 그렇게 하면 된다. 이 경우에는 내 몸이 상해도 명분이 있다. 하지만 다른 상황으로부터 받은 자극 때문에 힘들어하는 횟수가 잦다면, 감정을 차단해서 자신을 보호해야 한다. 왜냐하면 우리 주위에는 상처 주는 말을 아무렇지도 않게 하는 사람들이 있기 때문이다. 감정이 상해서 그와 다투기도 하지만, 대립할 수 없는 관계에 있는 가족이나 특별한 관계의 사람들과는 맞서지도 못하고 참고 있어야 한다. 하지만 어떤 누구도 선한 의도만으로 언제까지나 참고 견디기는 어렵다. 감정이 쌓이고 쌓이다가 언젠가는 터지거나 마음의 병을 얻게 된다. 이때 자극이 감정으로 연결되지 않게 연결선을 끊거나 이미 생겨난 감정을 몸 밖으로 흘려보낼 수 있다면, 어려운 상황에서도 감정적 소모 없이 자기 자신을 지킬 수 있다.

내가 아는 사람 중에도 만나기만 하면 증오에 가득 찬 말을 하는 사람이 있다. 나에게 하는 말이 아님을 알고 있지만, 듣고 있기만 해도 마음이 불편하다 못해 그 자리에 있기조차 힘들다. 그가 겪은 일을 시연까지 하는데, 그때 보여주는 살기 어린 눈빛과 거친 말은 내가 대상이 아닌데도 불구하고 감정이 무척 동요된다. 그 순간에는 너 대화로 그를 위로하고, 지지하기보다 더 급한 불은 나를 지키는 일이다. 내 안에서 부정적인 감정이 생성되지 않게 그의 거친 증오를 듣는 즉시, 그 자극들을 몸 밖으로 배출시켜야 한다. 이렇게 할 수 없다면 차라리 그 자리를 피하는 게 상책이다.

이러한 감정 생성을 차단하거나 생성된 감정을 흘려보내는 작업은 반복적인 연습으로 가능하다. 당신이 험한 소리를 듣고 힘들어할 때, 누군가로부터 "한쪽 귀로 듣고 한쪽 귀로 흘려버려."라는 말을 많이 들어봤을 텐데, 이는 마치 부정적인 감정이 생성되는 상황을 차단하거나 이미 생성된 감정을 그냥 배출시키라는 말과 같다. 이와 관련해 내가 만들어서 매우 유용하게 활용하는 방법을 공유한다. 개인차가 있겠지만 당신에게도 도움이 되었으면 한다.

눈이나 귀로 불편한 자극이 들어오면, 그 자극이나 이미 만들어진 감정을 신체 어느 부위를 통해서 밖으로 배출하는 상상을 한다. 손끝이나 발끝도 좋고 배꼽 등 어느 부위도 좋다. 숨을 내쉴 때도 모든 불편한 자극이 몸 밖으로 나간다고 상상해 보자. 자극이나 감정에 색깔이 있다고 가정하고, 형태를 구체적으로 만들어보는 것도 좋다. 간단한 예로, 탁구공 모양의 빨간색 자극이나 감정을 몸 밖으로 내보내거나 파란색 담배 연기 같은 것이 스멀스멀 몸 밖으로 나간다고 떠올리는 것이다.

이는 이성의 힘으로 불편한 감정을 없애려는 시도다. 모든 감정을 통제할 수는 없지만, 필요한 순간에 부정적인 감정을 없애고, 감정의 변화를 돕

말의 비밀 : 너 대화법으로 풀어내는 프레임 전략

기 위해 의도적으로 이성을 개입시키는 훈련이다. 발생한 자극이 감정으로 연결되는 선을 끊고, 자극이나 감정이 몸 밖으로 나가는 상상을 할 때는 감정이 더 진행되지 않고, 멈추거나 작아진다는 사실을 명심하자. 이성 영역을 활성화시켜서 감정을 잠재우는 방법은 숙련도에 따라 즉시 효과를 발휘하기도 하고, 수차례 반복해야 할 수도 있다. 무엇보다 핵심은 이성의 개입으로 감정의 활성화를 막았다는 점이다.

감정이 들고나는 자연스러운 현상을 막을 수는 없지만, 언제라도 이성의 힘으로 부정적 감정을 어느 정도 최소화할 수 있다면, 적어도 당신이 감정에 지배당하는 일은 피할 수 있다. 당신에게 존재하는 불편한 감정을 단 한 차례의 상상으로 없앨 수는 없더라도, 반복과 지속적인 훈련을 통해서 감정을 통제하는 능력을 갖게 되면, 감정에 흔들리는 일이 적어지고, 스스로 감정을 변화시켜서 안정적인 상태에 머물 힘이 생기게 된다. 그렇다고 감정 너 대화를 하면서 당신의 감정을 차단하라는 건 아니다. 상대의 감정에 공감하는 것과 당신의 감정을 조절하여 보호하는 건 별개다. 이 점을 헷갈리지 않도록 하자.

**작가의 한마디**
'감정 너 대화'를 통해 상대의 감정을 구체적으로 표현하면, 진정한 공감을 전달할 수 있습니다. 또 감정 차단 기술을 활용하면, 스스로를 보호하면서도 감정적인 균형을 유지할 수도 있고요. 이렇게 감정에 지배되지 않고 조절하는 능력을 키우면, 더 안정적인 관계와 삶을 만들어갈 수 있습니다.

PART 4. 너 대화로 자유로워져라

## 실전연습 3. 일상 속 감정 너 대화

**예시 ①**

나: (업무시간에 아이가 다쳤다는 전화를 받고) 팀장님, 죄송하지만 지금 급하게 나가봐야 할 것 같아요. 아이 학교에서 연락이 왔는데, 아이가 계단에서 넘어져서 조금 다쳤다고 해서요. 바쁜 날 죄송합니다.

나 대화: 바빠도 할 수 없죠. 사무실이 바쁘다고 아이가 다쳤다는데 안 갈 수 없잖아. 어서 다녀와요.

감정 너 대화: 많이 놀라고 걱정이 크겠네요. 지금 일이 손에 잡히겠어? 사무실 걱정하지 말고, 어서 가 봐요. 운전 침착하게 하고. 아이가 크게 다치지 않았길 바랄게요.

아이가 다쳤다는 소식을 듣고 어렵게 상사에게 이야기를 꺼냈는데, 놀라고 걱정돼서 어찌할 바 모르는 당신의 마음을 알아주면 위안이 된다. 게다가 운전도 침착하게 하라고 당부까지 하는 모습에 고마움도 느낀다.

**말의 비밀** : 너 대화법으로 풀어내는 프레임 전략

예시 ②

나: (중간고사 이후 친구와 함께 채점하다가) 아! 문제를 잘못 읽었네. 난 맞는 걸 고르라는 줄 알고, 나머지 보기는 읽어보지도 않고 1번을 체크했네. 다 아는 건데.

나 대화: 괜찮아, 시험이 인생의 전부냐? 틀리는 것도 실력이니까 그냥 인정해. 시험 문제 하나 틀린 것 가지고 뭐 큰일 난 것처럼 그러냐. 앞으로 남은 거 잘 보면 되지.

감정 너 대화: 진짜 억울하고 속상하겠는데? 다 아는 건데 말이야. 네가 어쩌다 그런 실수를 했어? 이미 지나간 일이니 빨리 잊고, 다음 시험 준비하자.

실수해서 기분 좋은 사람은 없다. 그런 사람에게 나 대화로 이미 알고 있는 사실을 되풀이하며 괜찮다고 말하는 친구와 속상한 감정을 알아주는 친구는 다르게 다가오기 마련이다. 우리는 살면서 이성으로는 이해가 되더라도 마음에서는 받아들이기 힘든 이성과 감정의 불일치를 자주 겪는데, 이때 누군가 그런 불편한 감정을 읽어주고, 공감해 주면, 문제를 해결하고, 평정심을 유지하는 데 도움이 된다.

예시 ③

나: (점심시간에 아내에게 아들 대학 합격 전화를 받고) 조마조마했는데 우리 아들이 대학에 합격했다네.

나 대화: 팀장님, 축하드려요. 오늘 점심은 팀장님이 쏘셔야겠어요. 나중에 우리 애도 커서 합격하면 그때는 제가 쏠게요.

감정 너 대화: 팀장님, 정말 기분 좋고 행복하시겠는데요? 걱정 많이 하셨잖아요. 팀장님이 대학 합격했을 때보다 더 기쁘시죠?

즐겁고 행복할 때는 특별히 기분을 망치는 얘기만 아니면 어떤 얘기든 괜찮을 수 있다. 그렇지만 당신이 그동안 얼마나 걱정했고, 지금 얼마나 행복한지를 알아주는 팀원의 축하가 마음에 더 와닿는 건 당연하다.

**예시 ④**
딸: (밤늦게 허겁지겁 집으로 들어오며) 집에 오는데 어떤 사람이 쫓아오는 거 같아서 막 뛰어왔어요. 엄청 무서웠어.

나 대화: 아빠가 일찍 다니라고 했지? 밤늦게 다니니까 이런 일이 생기는 거 아냐! 내일부터는 일찍 들어와, 알았어?

감정 너 대화: 우리 딸, 많이 무섭고 놀랐겠네. 지금은 괜찮아? 안전한 동네이긴 하지만 혹시 모르니까 잘 뛰었다. 무서운 거 참고 그냥 걷는 것보다는 빨리 뛰어서 집에 오는 게 현명하지. 다음에 또 늦게 들어오게 되면 아빠한테 전화해. 마중 나갈게. 안 그래도 늦게까지 안 들어와서 아빠가 많이 걱정했어. 내일부터는 일찍 들어올 거지?

아빠는 사랑하는 딸에게 무슨 일이 생길까 걱정하는 마음이 큰데 우선

**말의 비밀** : 너 대화법으로 풀어내는 프레임 전략

화부터 낸다. 안타깝게도 화를 내느라 걱정하는 마음은 전달하지 못한다. 걱정되면 걱정되는 마음을 전달하는 게 상식적이다. 그런데 이런 상황에서 화를 내는 경우는 무척 빈번하다.

　나도 그랬다. 나는 아내가 아프면 화를 냈다. 아내가 아픈 게 너무 걱정되고 싫어서 화를 냈는데, 아내는 그런 나를 이해하기 힘들어했다. 마찬가지로 내가 어렸을 때, 아프거나 다치면 아버지는 크게 화를 냈다. 초등학생 때 학교 수업을 마치고 집에 가는 게 좋아서 뛰다가 교문을 여닫는 두꺼운 철빗장에 오른쪽 눈 위를 부딪치는 부상을 입은 적이 있다. 피가 철철 흐르는데도 아버지에게 혼나는 게 무서워서 한동안 집에 가지 못하고, 동네를 뺑뺑 돌던 기억이 있다. 무서움이 어느 정도 가라앉았을 때 집에 들어갔고, 그제야 병원에 가서 찢어진 부위를 꿰맸다. 아버지가 걱정되고, 속상한 마음에 화를 냈단 걸 잘 안다. 그래도 아버지가 내가 아프거나 다쳤을 때, 화내지 않고 다독여주었더라면, 나는 다치자마자 집에 가서 바로 치료를 받을 수 있었을 것이다. 그런 아버지를 보며 나는 그러지 않겠다고 결심까지 했는데, 결혼 후에 아내가 아프면 나도 아버지처럼 화가 났다. 걱정되는 마음에 아내에게 화를 냈고, 아내가 화내지 말아 달라고 부탁하면, 걱정돼서 그렇다며 더 화를 냈다. 그런 내게 아내는 걱정되면 걱정해 주는 게 도움이 된다며 나에게 침착하게 알려줬고, 나는 연습을 통해서 아내가 아플 때 화를 내지 않고, 걱정되는 마음을 표현하기 시작했다. 그랬더니 아내는 아플 때 내가 화까지 내서 많이 힘들고 속상했는데, 지금은 내 위로를 받을 수 있어서 무척 위안이 된다고 한다.

　같은 맥락으로 딸의 늦은 귀가로 걱정을 했던 아빠는 화를 낼 게 아니라 걱정했던 마음을 전달하고, 너 대화로 딸의 무섭고 놀란 감정을 읽어줘야 한다. 그렇지 않으면 아빠가 짜증을 내고, 화가 난 것으로 받아들여서 반항심이 생길 수 있다. 이런 점에서 아빠의 감정 너 대화로 공감받고, 동시에 뛰어서 집에 온 행동에 대한 지지를 받음으로써 마음의 평온도 찾게 된다. 더불어 앞으로 일찍 다녀야겠다는 다짐도 한다. 한마디로 아버지의 염려를 마음으로 온전히 느끼게 되어 스스로 행동 수정을 하는 긍정적인 결과를 낳는 셈이다.

### 예시 ⑤

엄마: (해외에서 직장 생활을 하는 딸이 초대를 해 지인에게 이것저것 물으며) 우리 딸이 공항에 일찍 나오라고 하던데 얼마나 일찍 도착하면 되는지 알아? 해외여행은 처음이라서 말이지. 영어를 하나도 못해서 걱정도 되고.

나 대화: 국제선은 3시간 전까지 가는 게 좋아요. 아무리 늦어도 2시간 전까지는 도착해야 문제없이 수속할 수 있을 거예요. 저도 영어 못해도 해외여행 많이 다니잖아요. 비행기 타고 내릴 때 사람들 가는 대로 따라가면 돼요.

감정 너 대화: 따님 만나러 가니까 무척 설레고 기대되시죠? 혼자 비행기 타고 멀리 가니까 떨리기도 하고, 걱정도 되실 거고요. 그런데 아무 걱정하실 것 없어요. 인천공항은 3시간 전까지 도착하면 되고, 모르는 건 직원들이 친절하니까 편하게 물어보면 돼요. 가시는 데에도 한국인이 많이 있으니까 걱정 안 하셔도 되고, 따님도 마중 나올 테니까 마음 편히 다녀오세요.

말의 비밀 : 너 대화법으로 풀어내는 프레임 전략

엄마는 공항에 언제 도착해야 하는지가 궁금했지만, 긴장되고 두려운 마음도 커서 간단한 답변만 들었다면 여전히 불안했을 테다. 하지만 지인이 감정 너 대화로 기대감을 비롯한 긴장감과 두려움 등 여러 감정을 공감해 주면, 마음이 한결 가벼워지면서 용기도 생긴다.

## 의도 너 대화

네 번째로 살펴볼 너 대화는 '의도 너 대화'다. 의도란, 무언가를 하는 이유이며, 어떤 말 또는 행동을 하는 데 있어 근본적인 원인 및 동기다. 즉, 의도는 말과 행동보다 앞선다고 볼 수 있다. 물론, 모든 말과 행동에 의도가 있다고는 할 수는 없지만, 크고 작은 의도를 갖고 생활해 나간다.

하지만 의도를 정확하게 전달하지 못하거나 상대의 의도를 알아채지 못함에 따라 불통의 문제가 생기기도 한다. 왜냐하면 의도는 대체로 겉으로 드러나지 않아서 관심 있게 들여다보지 않으면 알아차리기 쉽지 않기 때문이다. 심지어 본인도 잘 알지 못하는 경우가 비일비재할 정도다. 이에 따라 지금까지 살펴본 너 대화와 달리 의도 너 대화에서는 숨어 있는 의도를 찾아내야 하므로 상대의 말과 행동에 더 큰 관심을 기울여야 한다. 자칫하면 의도를 잘못 읽어 오해를 불러일으킬 수도 있어서 주의해야 한다.

**말의 비밀** : 너 대화법으로 풀어내는 프레임 전략

실제로 의도는 주관적인 기준에 따라 긍정적일 수도 부정적일 수도 있고, 경우에 따라 의도를 파악하여 상대에게 알려줘야 할 때도 있고, 모른 척해야 할 때도 있다. 가령, 당신의 연인이 깜짝선물을 준비하기 위해 질문을 한다고 해보자. 눈치가 빠른 당신은 해당 질문의 의도를 파악했다. 그렇다고 하더라도 연인의 마음을 지켜주고 싶다면 모른 척해야 한다. 또 의도는 좋았지만 결과가 좋지 않아서 당황하거나 실망하는 사람과 마주할 때는 상대의 의도를 인정하고, 지지해 주는 것만으로도 평정심을 찾도록 도움을 줄 수 있다. 이와 별개로 정확한 피드백으로 다음에는 좋은 결과를 얻도록 해준다면, 당신은 그에게 좋은 이미지로 남을 게 분명하다.

나쁜 의도에 있어서도 마찬가지다. 알아채고도 모른 척하거나 상대가 의도대로 하지 못하게 차단해야 할 때도 있다. 간혹 의도는 나쁘지만 결과가 좋을 때도 있는데, 이 경우에는 의도와 결과를 분리해서 받아들여야 한다. 결과가 좋다고 해서 나쁜 의도를 인정하고, 지지해서는 안 된다는 뜻이다.

이런 의도 너 대화를 잘하기 위해서는 주변에 일어나는 상황과 대화의 흐름을 꿰뚫을 수 있어야 한다. 더불어 상대의 의도를 파악한 후에는 내 입장에서 그것을 말하는 게 좋은지 그렇지 않은지, 상대 입장에서 의도가 드러나는 게 좋은지 그렇지 않은지 등을 판단하는 역량도 갖추어야 한다.

의도 너 대화의 특징 중 하나는 상대가 명확한 의도가 없는 말과 행동을 할 때도 의도적으로 내가 원하는 상황을 만들 수 있다는 점이다. 예를 들어, 나는 필기도구를 제공하는 교육장에서 참가자가 "강사님, 볼펜이 잘 안 나오는데요. 바꿔주실 수 있을까요?"라고 한다면 "네, 그럼요. 잘 나오는 볼펜이 필요한 건 필기하면서 열심히 강의 들으려고 하시는 거죠?"라고 의도 너 대화를 사용한다. 실제로 그런 의도였다면 참가자는 "네, 그럼요."라고 자연스럽게 대답할 테고, 그렇지 않다 하더라도 참가자가 이 상황에서는 달리 다른 대답을 하기는 어려워서 긍정의 답변을 하게 된다. 이후 강의 중간에 눈을 마주치며 무언의 신호를 보내면, 강의에 집중할 가능성은 커진다. 따라서 참가자는 지급받은 볼펜이 잘 나오지 않아서 별 뜻 없이 바꿔 달라고 했을 뿐인데, 강사가 그 행위에 의미를 부여해 줌으로써 미처 생각하지 못했던 의도가 생긴 셈이다. 이 같은 이유로 나는 강의 중에 의도 너 대화를 적극 활용하여 수강생들에게 강한 의지를 심어주곤 한다.

이처럼 의도 너 내화는 대화의 맥락에 맞추어 내가 원하는 대로 상대의 의도를 만들어서 알려주는 방식으로도 실제 대화에서 매우 유용하게 활용할 수 있다. 그러니 잘 익혀서 당신만을 위한 비밀 도구로 만들기를 바란다.

한편, 의도는 감정과 밀접하게 연결되어 있다. 그래서 어떤 감정의 생성 혹은 변화는 무언가를 해야 할 동기가 되고, 그 동기를 구체적으로 실현할 방법을 찾게 하는데, 이것이 의도가 된다. 가령, 감정이 긍정적일 때는 그 기분을 유지하고 싶고, 불편한 감정이 생기면 피하거나 극복하고 싶다. 따라서 그 감정을 유지할 것인지 피할 것인지를 선택해 말과 행동을 하게 되는데, 이는 의도에 따른 판단이다. 쉬운 예로, 소개팅 자리에서 상대에게 호감을 느끼면 그와 더 오랫동안 많은 대화를 하고 싶은 마음이 생기고, 당신의 말과 행동에는 그 의도가 담긴다. 반대로 그 자리가 불편하다면 만남을 빨리 끝내고 싶어지고, 당신의 말과 행동에는 드러내지 않으려고 해도 그 의도가 무심코 나타나기도 한다.

어떤 경우는 감정에만 몰입해서 자신의 의도를 잊고 다음 단계로 나아가지 못하기도 하는데, 이때 의도 너 대화로 상대의 의도를 알려주면 문제가 쉽게 해결되기도 한다. 이와 관련해 내가 겪은 사례를 공유해 본다.

어느 날 사무실로 한 고객에게 전화가 왔다. 그는 무척 화가 나 흥분해 있었다.

고객: 아니, 선생님이 이틀이나 전화를 안 해요. 한 번은 무슨 일이 있나 보다 생각하고 참았는데, 오늘도 연락이 없어요. 못 하면 못 한다고 얘기를 해주든지.

나: 수업을 많이 기다렸을 텐데 이틀이나 선생님 연락이 없으면 많이 화나고, 실망도 하셨겠네요(감정).

고객: 아니, 대체 사무실에서는 뭐 하는 거예요? 이런 상황은 미리 파악해서 알려줘야 하는 거 아니에요?

나: 맞아요, 당연히 저희가 할 일입니다. 선생님에게 어떤 문제가 있는지 빨리 확인해 보겠습니다.

고객: (언성을 더 높이며) 뭘 확인을 해요. 전화가 안 왔다니까요.

나: 맞아요, 선생님이 전화하지 않아서 이렇게 화가 나신 거고요. 그래서 빨리 도와드리고 싶어요.

고객: 네, 그럼 빨리 도와주세요. 어떻게 하실 건지.

나: 고객님께서 전화 주신 건 선생님이 무단으로 결석하는 일 없이 수업이 제대로 진행되기를 바라서지요? 저희 사무실로부터 그런 도움을 받고 싶으신 거고요(의도).

고객: 네, 맞아요.

나: 그럼, 조금만 기다리시면 그날 선생님에게 어떤 보고가 있었는지 살펴보고 말씀드리겠습니다. 그렇게 해도 괜찮을까요(허가)?

고객: 네, 그럼 그렇게 해주세요.

나: 선생님에게 무슨 일이 있는지 살펴봤는데, 그날 특별한 보고는 없네요. 고객님 앞뒤 수업도 모두 진행했었고요. 그런데 고객님 수업은 결석으로 체크가 되어 있네요. 이대로라면 전화를 했다는 의미인데요. 선생님이 그날 수업 시간에 고객님께 연락을 한 화면을 캡처해 달라고 하면 정확히 알 수 있을 듯합니다. 일단은 선생님께 확인을 하도록 할게요.

고객: 어, 이상하네. 난 정말 전화를 기다리고 있었는데…….

나: 통화 프로그램에서 오류가 생겼을 수도 있고, 가끔 다른 아이디로 접속해 있어서 선생님을 못 만나는 일도 있습니다. 혹시 근래에 다시 설치한 적은 없으셨어요?

고객: 노트북을 새로 구입해서 다시 설치했는데요.

말의 비밀 : 너 대화법으로 풀어내는 프레임 전략

나: 그러셨구나. 고객님께서 수업을 기다렸던 건 맞는데, 다른 아이디로 로그인해서 선생님의 연락을 못 받았던 것 같아요. 새 노트북에 설치한 통화 프로그램에 선생님과 대화를 나눈 기록이 있던가요?

고객: 안 그래도 그게 없어서 저절로 삭제됐다고 생각했는데, 아니었군요. 제가 잘못해 놓고 미안하게 됐네요.

나: 어제 바로 연락 주셨으면 더 빨리 도와드렸을 텐데 선생님께 어떤 사정이 있을 거라고 이해하고 연락을 안 주신 거지요(의도)?

고객: 네, 선생님께 무슨 일이 있다고 생각하고, 오늘 만나면 물어보려고 했죠.

나: 선생님을 배려하고, 불편함을 참아주셔서 고맙습니다.

몹시 화난 상태의 고객이었지만 감정 너 대화로 상대의 감정을 읽어주고, 상대가 감정에 몰입해서 놓치고 있던 전화를 한 이유를 의도 너 대화로 알려주었다. 그랬더니 고객은 화를 낼 목적으로 전화한 것이 아니라 수업이 잘 이루어지기를 바라서 전화했다는 자신의 의도를 알아채고, 평정심으로 돌아왔다.

이렇듯 우리는 간혹 의도를 잊고, 감정에만 몰입해서 감정을 밖으로 표출하는 데에만 집중할 때가 있다. 언성을 높이며 화를 내고 왔는데, 결국엔 아무 문제도 해결되지 않고, 서로 감정만 찜찜해진 경험들이 바로 그런 상황이다.

PART 4. 너 대화로 자유로워져라

살다 보면 의도를 감추지 않는 사람도 만난다. 가족여행을 갔을 때다. 목욕으로 피로를 푼 뒤에 숙소에서 편하게 쉬기로 하고, 저녁 7시쯤 그 동네의 오래된 목욕탕을 찾았다. 다행히 8시까지 운영을 해서 아내와 두 딸은 여탕으로, 나는 남탕으로 향했다. 들어가 보니 사람이 2~3명 정도 있었는데, 그들은 거의 목욕을 마친 상태여서 곧 나 혼자만 남게 되었다. 작고 낡은 시설이었지만, 혼자서 탕을 즐기는 기분이 꽤 괜찮아 아주 만족스럽게 목욕을 하고 있는데, 어떤 남성이 들어와서 나를 잠시 째려보고 나갔다. 그가 팬티를 입고 있는 것으로 봐서는 목욕탕 관계자로 보였는데, 난 아랑곳하지 않고 계속 목욕을 즐겼다. 그는 잠시 뒤에 다시 들어와서 아까보다는 길게 나를 째려봤다. 불쾌했지만 그의 눈빛이 빨리 목욕을 끝내고 나오라는 것임을 직감했다.

그의 행동에 부담을 느낀 나는 서둘러 샤워를 하고 나왔고, 그는 아까와는 전혀 다른 눈빛으로 다가와 "빨리 나오셨네요. 좀 더 하셔도 되는데." 라며 활짝 웃었다. 그 순간 내가 그의 의도를 정확히 파악하고 일찍 나와서 그가 좋아한다는 확신이 들었다. 고객으로서 이의를 제기할 수도 있었지만, 그도 빨리 청소를 마치고 쉬고 싶었을 것이고, 무엇보다 그의 인상이 예사롭지 않은 데다가 눈빛도 날카로워 보여서 참는 게 낫다고 생각했다. 게다가 그 일로 가족여행 중에 기분 상하고 싶지도 않았고, 조금 일찍 나가서 낯선 동네를 구경하며 가족을 기다리는 일도 재미있을 듯했다.

그가 무서워서 부랴부랴 목욕을 끝낸 게 아니라 더 어두워지기 전에 동네를 구경하고 싶어서 일찍 끝냈다고 마음을 추스르는데, 문소리가 들리며 새로운 손님이 등장했다. 그의 반응이 궁금했다. 마음속으로 저 손님은 옷도 벗지 못하고 그냥 나갈 수도 있겠다고 생각하며 두 사람을 지켜보는데,

그 손님은 탕 관리자가 잘 알고 있는 사람이었고, 서로 활짝 웃으면서 인사를 했다. 잠시 후, 손님이 탕으로 들어가자 그는 그 손님이 동네 유지인데 가끔 이 시간에 와서 아주 짜증 난다면서 나에게 상황 설명을 해줬다. 그가 조금만 빨리 왔더라면 나도 여유 있게 목욕을 즐길 수 있었겠지만, 난 이미 젖은 몸을 다 말리고 옷까지 입은 상태였다.

이렇게 자신의 의도를 명확하게 보여주는 사람도 있다. 그가 나를 째려봤을 때 "제가 목욕을 빨리 끝내기를 바라시는 건가요?"라고 의도 너 대화를 했다면, 그는 손님인 나에게 아니라고 하며 편하게 목욕을 즐기라고 했을지도 모른다. 하지만 이미 그의 의도를 알아챘기에 목욕을 하면서도 불편했을 테다.

명심하자. 우리가 만나는 대부분의 사람은 그처럼 의도를 명확하게 드러내지 않고, 감추는 경향이 있거나 자신의 의도를 모르는 경우도 많다. 이렇듯 의도를 정확하게 파악하는 것이 쉽지 않은 만큼 의도 너 대화는 매우 가치 있는 대화다. 그래서 의도를 제대로 파악하지 못해 난처해질 때도 있다.

아파트에 살 때, 제일 위층에 70대 후반의 부부가 이사를 왔다. 만날 때마다 정중히 인사를 했고, 어르신들도 우리 부부를 반기며 집에 놀러 오라고 했다. 한두 번이라면 가볍게 넘어갈 텐데 마주칠 때마다 언급하니 부담도 되고, 미안한 마음도 생겨서 집에 고이 보관하고 있던 귀한 술을 준비해서 아내와 함께 방문했다. 집 앞에서 초인종을 누르고 문이 열리기를 기다릴 때만 해도 미뤄놓은 숙제를 한다는 기분이 들어 매우 뿌듯했는데, 잠시 후 우리는 적잖게 당황했다. 어르신은 마치 놀러 오라고 했다고 정말 오는 철부지를 대하는 눈빛으로 우리를 보았고, 그 집에 머무는 동안 어르신의 의도를 정확히 알아차리지 못한 나 자신을 반성했다. 그 후로 얼마간의 시간이 흘러 우연히 그 어르신 부부를 길에서 마주쳤다. 그들은 우리가 이사를 간 뒤에도 가끔 우리 가족 이야기를 한다며 집에 한번 놀러 오라고 했다. 나는 그 얘기를 곧이곧대로 듣고 방문했던 예전 일을 떠올리며 방긋 웃었다.

위의 사례와 달리 상대의 의도를 정확히 꿰뚫어 보고 뿌듯할 때도 있다. 한번은 사무실 엘리베이터에서 급하게 내려 화장실로 향하는 한 남자가 눈에 띄었다. 그는 건물에 처음 온 듯 약간 두리번거리다가 화장실을 발견하고는 다급하게 그곳으로 향했다. 그러나 문이 잠긴 걸 확인하고는 매우 당황하는 기색이었다. 나는 그와 대화를 나누지 않았지만 그의 표정과 움직임만으로도 그의 의도를 알 수 있었다. 그래서 그가 화장실 문 열기를 포기하고 다른 곳으로 급히 이동하며 내 옆을 지나갈 때, 나는 손가락으로 화장실을 가리키며 "9981"이라고 두 차례 소리쳤다. 그는 잠시 나를 쳐다보더니 다시 발걸음을 돌려 화장실 문을 열고 들어가며, 진정으로 감사하다는 눈인사를 했다. 그와 내가 나눈 대화는 "9981"이 전부였지만, 나는 그의 의도를 정확하게 읽어서 그를 도울 수 있었고, 그도 내 의도를 정확하게 파악한 덕분에 위기에서 빠져나올 수 있었다. 우리가 서로의 의도를 알아채지 못했다면 그는 그날 큰 어려움을 겪지 않았을까?

살펴본 일화에서처럼 의도 너 대화는 상대의 숨은 뜻을 파악해야 해서 쉽지 않은 대화법이지만, 의도를 정확하게 읽어낸다면 서로가 긍정적인 효과를 얻을 수 있다. 그러니 실전연습에 수록된 의도 너 대화 예시를 익혀서 적절하게 사용하길 권한다.

말의 비밀 : 너 대화법으로 풀어내는 프레임 전략

작가의 한마디
'의도 너 대화'를 통해 상대가 그의 의도를 알아차릴 수 있게 돕는 것은 상대가 그 순간의 목표를 인지할 수 있게 일깨워주는 매우 의미 있는 일입니다. 또한 상대의 의도를 정확히 파악하면, 나쁜 의도는 미리 차단할 수 있고, 좋은 의도에는 지지를 보낼 수 있습니다.

## 실전연습 4. 일상 속 의도 너 대화

**예시 ①**

팀원: 팀장님, 모레 우리 팀 회식하기로 한 거 그대로 진행하는 거죠?

나 대화: 네, 내가 이미 6인실 룸으로 예약해 놓았어요.

의도 너 대화: 갑작스럽게 무슨 일이 생겼나 보죠? 편하게 얘기해 주세요. 회식보다 중요한 일이 생길 수도 있잖아요.

예상하지 못한 일이 생겨서 회식에 참석하기가 어렵게 된 팀원이 팀장에게 사정을 이야기하고 양해를 구하기란 쉽지 않다. 이때 팀장이 말하려는 의도를 알아차리고 먼저 알려달라고 한다면, 그보다 훌륭한 상사는 없을 것이다.

또 다른 비슷한 예를 들어본다. 나는 평일에 사무실에서 차 한잔할 새도 없어서 주말에 아내와 따뜻한 커피를 여유 있게 마시는 시간을 좋아한다. 그래서 종종 내 방에서 일하다 아내가 있는 곳으로 가서 "뭐해요?"라고 묻는다. 그러면 아내가 대답 대신 "우리 커피 한잔할까요?" 해주면 그렇게 반가울 수 없다. 정말 따뜻한 커피를 마시고 싶어서 갔는데, 아내가 내 의도를 파악해 주었으니까. 반면, "도서관에서 빌려온 책 보고 있어요."처럼 곧이곧대로 하고 있던 일을 말하면 아쉬운 마음이 든다. 나는 이미 아내가 독서 중이라는 걸 알고 있고, 그것이 궁금해서 물어본 것이 아니기 때문이다. 그럴 때는 '지금은 커피를 마시고 싶지 않은가 보다.'라고 생각하고, 돌아선다.

### 예시 ②

아내: (정차한 차 안에서 밖의 화장품 가게를 바라보며) 저기 세일 하네.

나 대화: 그러네, 또 세일하네. or 요즘은 미리 가격 올려놓고 세일하는 데도 많더라고.

의도 너 대화: 당신, 뭐 필요한 거 있구나? or 당신, 저기 한번 들르고 싶구나?

필요한 화장품이 있던 아내가 마침 세일하는 점포를 확인하고 반가워서 얘기를 꺼냈는데, 남편이 그 마음을 몰라주면 아쉬운 마음이 생긴다. 이렇게 매번 원하는 걸 말로 해야 아는 남편이라면 아내에게 후한 점수를 받지 못할 것이다. 그런데 남편이 아내의 의도를 이해하고 의도 너 대화를 하면, 말하지 않아도 아내의 마음을 알아주는 멋진 남편이 된다. 만일 돌아오는 길에 아무 말 없이 그 가게 앞에 차를 세우고 아내의 쇼핑을 돕는다면, 아내는 남편의 배려에 온종일 행복해질 수밖에 없다.

PART 4. 너 대화로 자유로워져라

**예시 ③**

고객: (상담 중에) 저는 최소한 40세 이상의 나이대가 있는 여선생님과 공부하고 싶어요.

나 대화: 네, 저희 회사에 마흔 살 넘은 선생님이 많이 있으니 그렇게 배정하도록 할게요.

의도 너 대화: 경험이 많은 선생님과 수업하고 싶으신 거군요. 티칭 경험도 있고, 인생 경험이 많아서 말 잘 통하는 선생님과 공부하고 싶으신 거지요?

고객의 요청에 그렇게 도와주겠다고 일차원적으로 답변한다고 해서 나쁜 대응은 아니다. 하지만 의도 너 대화로 왜 40세 이상 선생님과 공부하려고 하는지 의도를 확인해 주면, 고객은 상담자에게 신뢰를 느끼고, 더 적극적으로 상담에 임하게 된다. 혹여나 상담자가 고객의 의도를 잘못 말했더라도 문제는 없다. "아니요, 제가 회사에서 통화하는 분이 대부분 40세 이상의 여성이라서요. 이렇게 하면 조금 더 도움 될 것 같아서요."라고 고객이 친절하게 자신의 의도를 설명해 줄 테니까.

## 미래 너 대화

이번에 살펴볼 너 대화는 '미래 너 대화'다. 이는 말 그대로 상대에게 일어날 일을 묘사하는 방식이다. 상대가 미래의 중심이 될 수 있도록 이야기하는 스킬이므로 상대 중심 대화라고도 할 수 있다. "나는 당신이 이해할 수 있도록 미래 너 대화에 대해 최선을 다해서 설명하려 합니다."가 나 중심의 대화라면, "제 설명을 듣고 난 뒤, 당신은 미래 너 대화가 무엇인지 정확하게 이해하게 될 것입니다."는 상대 중심의 대화다. 이 경우, '설명하는 나'와 '이해하는 너' 중 무엇을 선택하느냐에 따라서 듣는 사람이 다르게 느낄 수 있는데, 후자가 상대를 미래의 주인공으로 만들어 주는 미래 너 대화다.

앞서 우리는 프레임 파트에서 사실에 의미를 부여하는 대화 최면을 학습했다. 문장 구조상 미래 너 대화는 사실 부분을 생략한 의미만을 말하는 형태다. 예를 들어, "이 책을 읽으면 당신은 미래 너 대화가 무엇인지 정확하게 이해할 것입니다."는 대화 최면의 형태이고, "이 책을 읽으면"은 조건과 사실인데, 일상 대화에서는 조건이나 사건을 말하지 않고, 단독으로 의미 부분만을 강조해서 미래 너 대화를 하는 경우가 무수히 많다.

상황에 따라서 나 중심 대화가 필요한 때도 있지만, 미래 너 대화를 사용하면, 보통은 상대가 편안하게 느낀다. 왜냐하면 당신의 말 속에 상대가 주인공으로 존재하는 덕분이다. 하지만 우리는 대체로 나를 주인공으로 두는 나 중심 대화에 익숙하다.

가령, "걱정하지 마세요. 내일 오전까지는 꼭 메시지 남기도록 하겠습니다."라고 한다면 메시지를 보내는 나를 강조하지만, "걱정하지 마세요. 내일 오전까지는 꼭 메시지 받으실 겁니다."라고 하면 문자를 받는 상대가 강조된다. 두 문장의 의미는 같지만 무의식에서는 다르게 받아들이는 셈이다. 상대 입장에서 보면 전자는 문자를 보내는 사람의 얘기여서 무의식이 반응하지 않지만, 후자는 문자를 받을 자신을 말하는 것이라서 무의식이 긍정적으로 반응하게 되고, 존중받는 느낌을 받게 된다.

이런 미래 너 대화의 가장 큰 특징은 언급했듯이 미래에 일어날 일에 상대를 주인공을 만들어 주는 화술이라는 점이다. 따라서 상대에게 기대감을 줄 수도 있고, 동기를 부여할 수도 있고, 비전을 보여줄 수도 있다. 지금까지 살펴봤던 행동 너 대화, 성격 너 대화, 감정 너 대화, 의도 너 대화는 묘사하는 시점이 모두 과거 혹은 현재다. 그러나 미래 너 대화는 시점이 미래여서 다른 너 대화와는 구분된다.

말의 비밀 : 너 대화법으로 풀어내는 프레임 전략

작가의 한마디
'미래 너 대화'는 상대를 미래의 주인공으로 만들어 긍정적인 기대감을 심어주고, 동기를 부여하는 강력한 화술입니다. 같은 의미라도 '나'가 아닌 '너'를 중심으로 표현하면, 상대가 더 존중받고 편안함을 느낄 수 있으며, 이는 무의식적으로도 긍정적인 영향을 미치지요.

## 실전연습 5. 일상 속 미래 너 대화

**예시 ①**

제품 브리핑 중인 영업사원
나 대화: 지금부터 제가 약 10분 정도 제품에 대한 설명을 드리고, 그 후에 궁금한 점에 관한 질문을 받도록 하겠습니다.

미래 너 대화: 지금부터 약 10분 정도 제품 설명을 듣게 되실 거고요. 그 후에 궁금한 점에 관한 질문을 하실 수 있습니다.

영업사원은 설명을 마친 후 질문을 받게 될 자기를 중심으로 대화를 하지 않고, 10분간 설명을 듣고 질문을 할 수 있는 고객을 중심으로 미래 너 대화를 사용해서 고객을 이 대화의 주인공이 되게 했다.

**예시 ②**

면접 중 회사 정책을 설명하며
나 대화: 우리 회사는 규모는 작지만 중식도 제공하고, 매달 자기계발비 20만 원을 지원합니다.

**말의 비밀** : 너 대화법으로 풀어내는 프레임 전략

미래 너 대화: 우리 회사에서 일하게 되면 중식을 제공받고, 매달 자기계발비로 20만 원을 지원받을 수 있어요.

회사의 복지 혜택을 회사 입장에서 설명하지 않고, 미래 너 대화를 통해 당사자인 지원자가 어떤 혜택을 누릴 수 있는지 더욱 실감 나는 상상을 할 수 있게 해주었다.

예시 ③
고객: 이 제품 꼭 필요한데 언제 재입고되나요?

나 대화: 다음 주 목요일에 입고되니까 그때부터는 판매할 수 있을 것 같아요.

미래 너 대화: 다음 주 목요일부터는 제품 구매하실 수 있을 거예요. 매장에 오셔도 되고, 전화로 택배 주문하셔도 돼요.

물건이 꼭 필요한 고객이 언제 어떻게 물건을 구매할 수 있는지 구체적으로 알 수 있게 고객 입장이 되어 잘 설명했다.

## 욕구 너 대화

이번에 알아볼 너 대화는 '욕구 너 대화'다. 욕구란, 진정으로 무언가를 얻고 싶거나 어떠한 일을 하고 싶은 마음을 의미한다. 이는 깊숙한 무의식 속에 결핍된 부분을 채우려는 심리다. 따라서 욕구는 의도적으로 부족함을 채우거나 이미 소유한 대상을 더 가지려는 욕망과는 다르지만, 원하는 바를 충족하고자 하는 목적만 놓고 보면 비슷하다고 할 수 있다.

하지만 욕구는 의식 뒤편에 숨어 있어서 잘 드러나지 않는다. 심지어 본인도 정확하게 인지하지 못하기도 한다. 이에 따라 많은 사람이 상대의 욕구를 다르게 해석하여 오해하는 경우가 많다. 그래서 욕구 너 대화는 앞서 다룬 의도 너 대화보다 더 깊숙한 내면을 들여다볼 수 있는 능력을 키워야 한다.

물론, 깊숙이 숨어 있어서 찾기도 어려운 욕구를 찾으려고 노력할 필요는 없다. 굳이 몰라도 서로 관계를 맺는 데 문제가 되지 않으므로. 그래도 상대의 욕구 파악이 중요한 이유는 상대의 욕구를 충족시켜 주거나 알게 해줌으로써 근본적인 문제를 해결하는 결정적인 역할을 해주는 덕분이다.

한때 나는 사이코드라마를 찾아서 여기저기 다녔다. 당시 주인공들의 한 맺힌 사연을 객석에 앉아서 보고만 있어도 숨이 막혔다. 그 가운데 가장 기억에 남는 스토리가 있다. 남편과 사이가 좋지 않은 여주인공은 남편을 너무 증오해서 피폐해진 마음을 치유하기 위해 무대에 올랐다. 얼마나 남편을 미워했는지 1시간 넘게 남편을 향해 소리 지르고, 욕하는 건 기본이고, 남편이라고 가정한 물체를 온 힘을 다해 끊임없이 몽둥이질 해댔다. 또 여주인공의 입에서 나오는 말 한마디 한마디에서 그녀의 삶이 얼마나 고통스럽고 치욕적이었는지 고스란히 전해져 왔다. 긴 시간을 그렇게 몸부림치다가 지칠 대로 지친 여성은 마음이 텅 빈 상태가 되자 본인이 진정으로 바라는 바를 깨달았다. 그녀는 남편으로부터 사랑한다는 말을 듣고 싶다고 했다. 그 말이 나오는 순간, 지켜보던 사람들은 모두 큰 충격을 받은 듯 깊은숨을 내쉬었고, 이내 숙연해졌다. 그녀의 간절한 마음이 모두에게 전해졌고, 남편에게 진정으로 사랑받고 싶다는 그녀의 작은 외침이 너무도 또렷하게 사람들의 가슴을 파고들었다. 그토록 간절한 욕구가 있었지만, 마음속 깊숙이 숨어 있어서 그녀도 자신의 욕구를 모르고 있었던 것이다. 그녀의 이성적 사고로는 그녀의 욕구를 전혀 알 수 없었다. 주위 사람들도 모두 그녀가 남편을 증오한다고만 생각했을 뿐, 그녀가 그토록 남편으로부터 사랑받고 싶은 욕구가 있다는 사실은 알지 못했다. 욕구는 이렇게 꼭꼭 숨어있는 경우가 많다.

또 다른 사이코드라마에서도 인상적인 여주인공을 만났다. 20대 여성의 그녀는 어린 시절 양아버지에게 당한 일로 심한 성적수치심을 겪으며, 무척 고통스러워했다. 그녀는 그때의 상황을 묘사하면서 그를 죽이고 싶다고 했다. 그러고는 탈진해서 쓰러질 만큼 가슴에 맺힌 응어리를 목이 쉬도록 토해냈다. 그 모습은 단순한 절규를 넘어 애끓는 절절한 외침이었다. 나는 숨죽이며 그녀의 이야기를 지켜보다가 무대에 올라가 그녀를 위로했다. 그리고 차분히 안아주며 지금까지 잘 버텨주어서 고맙고, 훌륭하게 커 줘서 대견하다고 말해주었다. 그랬더니 그녀는 흐느끼면서도 내 위로를 차분하게 받아주었다. 집으로 돌아가는 길. 그 여인과 다시 마주쳤다. 그녀의 얼굴은 조금 전과는 달리 환하게 빛나고 있었다. 그녀에게 끔찍한 어린 시절을 위로받고 싶은 욕구가 있었는지, 힘든 과정을 이겨내고 잘 자란 모습을 인정받고 싶은 욕구가 있었는지, 오랜 시간 마음속에 묻어두었던 아픈 이야기를 토해내고 싶은 욕구가 있었는지, 나는 알지 못한다. 그래도 분명한 건 그녀의 표정은 마치 자신의 욕구를 충족한 듯 매우 행복하고, 차분해 보였다는 사실이다. 마치 새롭게 세상에 태어나서 다시 인생을 시작하는 사람 같았다. 이처럼 욕구가 충족되면 표정부터 달라진다.

나에게도 앞의 두 사례처럼 오랫동안 나를 짓누르는 욕구가 있었다. 몇 차례 언급했듯 나에게 아버지는 엄격하고, 무서운 존재였다. 아무리 돌이켜봐도 아버지와 편하게 웃으면서 대화를 나눈 기억이 없을 정도니 말이다. 그래도 굳이 꼽자면, 아버지가 나와 동생에게 만화영화 <로봇 태권브이>를 보여주겠다며 극장까지 함께 걸어갔던 날이 좋은 추억으로 남아있다. 먼저 보고 온 친구들이 자랑하는 모습을 부러워하기만 했는데, 아버지가 선뜻 보여준다고 한 자체가 그저 즐거웠던 듯하다. 사실 아버지가 항상 무섭게 대한 것은 아니었지만, 내 입장에서는 다정하게 다가가기는 어려웠다.

**말의 비밀** : 너 대화법으로 풀어내는 프레임 전략

늘 보이지 않는 벽이 있는 것만 같았다. 그러던 어느 날, 그 감정이 눈 녹듯 스르르 허물어지는 계기가 있었다. 집단 상담에 참여했을 때 촉진자였던 선생님이 나와 아버지에 관한 이야기를 듣고 건넨 "아버지에게 인정받고 싶었나 보구나? 노력하느라 많이 힘들었겠다."라는 한마디가 내 마음 깊은 곳을 건드렸다. 나는 어렸을 때 무서운 아버지에게 야단맞지 않기 위해 늘 긴장한 상태로 애를 썼는데, 그 행동들이 결국은 멋진 아들로 인정받고 싶었던 욕구였음을 그제야 알아차린 셈이다. 이로써 나는 결혼 후 두 아이의 아빠가 되었음에도 여전히 아버지에게 인정받고자 가슴앓이 했던 지난날이 파노라마처럼 스치며, 여러 감정이 교차해 어떤 말도 이어갈 수 없었다. 그런 내게 촉진자 선생님은 "그렇게 인정받고 싶었으면 인정해달라고 말하지 그랬니? 너 아주 잘하고 있어서 이미 인정하셨을 텐데."라고 말했다. 그 순간 눈물이 왈칵 쏟아졌다. 어떻게 그 눈물을 담고 살았는지 모를 정도로 많이 울었고, 가슴이 뻥 뚫린 듯 시원해지는 동시에 놀라울 정도로 평온해졌다. 이 경험을 하고 며칠 뒤 아버지를 만났는데, 이전처럼 아버지에게 벽이 느껴지거나 긴장되지 않았다. 또 아버지에게 인정받으려고 눈치를 살피거나 인정해 달라고 말할 필요도 없었다. 이미 날 인정하며 자랑스러워하는 아버지가 내 앞에 있었고, 그 사실을 나만 모르고 있었음을 알아차렸다. 그때부터 아버지를 향한 부담이 사라졌다. 단지 내 내면의 인정 욕구를 찾아주고, 이미 충분히 인정받았을 거라고 한 촉진자의 말 한마디가 불러온 변화였다.

이렇듯 당신이 상대의 욕구를 알아채고 진심 어린 너 대화를 한다면, 상대는 마음속에 맺혀있던 한을 푸는 기회를 얻을 수도 있고, 동기 부여가 되어 행동이 변할 수도 있고, 마음이 평온해질 수도 있다. 반면, 자기 욕구를 감추고 싶을 때도 있고, 자신이 인지하지 못했던 욕구를 발견해서 마음에서 받아들이는 일이 힘들 수도 있다. 그러므로 상대의 욕구를 알려줄 때는 해당 욕구가 상대에게 어떤 의미이며, 어떤 영향을 미치는지 고려해서 조심스럽게 접근해야 한다. 즉, 지금까지 알아본 너 대화는 내가 원하는 상황으로 만들기 위해 상대의 행동, 성격, 감정, 의도를 파악해서 내 입으로 전달하는 데 큰 제약이 따르지 않지만, 욕구 너 대화는 때에 따라 욕구를 읽었다고 하더라도 말하지 않는 쪽이 더 나을 수도 있다. 대신 욕구 너 대화를 사용하지 않아도 행동, 성격, 감정, 의도 너 대화로 접근해 상대의 욕구를 얼마든지 충족시켜 줄 수 있다.

예를 들어, 앞에서 살펴본 남편을 증오하고 있다고 생각했지만, 결국 남편에게 사랑받고 싶은 자신을 발견하게 된 여성과 대화한다고 가정해 보자. 상담 중에 그 여성에게서 남편에게 사랑받고 싶은 욕구를 발견했다 하더라도 그녀에게 "정말 바라는 건 남편에게 사랑받고 싶은 거 아닌가요?"라고 직접적으로 말한다면, 그녀는 자신의 욕구를 부정할 가능성이 있다. 왜냐하면 그녀는 남편의 행동에 분노해 왔고, 주위 사람들에게 남편을 증오하는 말을 일삼았으며, 자신도 그렇게 믿고 있어서다. 어느 누가 자신의 신념과 완벽하게 대립하는 욕구를 쉽게 받아들이겠는가? 그러므로 욕구를 확인하는 직접적인 질문을 하거나 그것을 알려줌으로써 문제를 해결하려는 방법은 조심해서 시도해야 한다.

또 양아버지로부터 받은 성적수치심 때문에 힘들어한 여성이 당신에게 털어놓으며 위로받고 싶은 욕구가 있었다 하더라도 굳이 "혼자서 감당하기에 너무 힘들어서 다른 사람에게 모두 털어놓고 위로받고 싶었군요?"라고 그녀의 욕구를 직접 말하지 않아도, 이렇게 그녀의 욕구를 충분히 헤아리는 너 대화를 할 수 있다. "그 힘든 일을 참고 견디면서 얼마나 힘들었어요? 어린 시절에 겪은 일이라 많이 놀라고 무섭기도 했을 테고요.", "주위에 도와주는 사람도 없고 상의할 사람도 없었는데, 혼자 그 아픔을 이겨내고 이렇게 장하게 컸네요. 정말 대견해요.", "오랫동안 꽁꽁 숨기며 혼자 힘들어 한 이야기를 나누기가 쉽지 않았을 텐데요. 이렇게 털어놓고 나니 마음이 조금은 편안해지셨나요?"라고 말이다.

한번 더 강조한다. 욕구 너 대화는 욕구가 내면 깊숙한 곳에 잠들어 있는 대상이라 본인도 알아차리기 힘든 만큼 타인의 욕구를 읽어내는 일 자체가 쉽지 않다. 더욱이 그만큼 예민한 요소이기도 해서 상대의 욕구를 직접적으로 표현하기보다는 스스로 욕구를 알아차리고, 갈등과 문제를 해결해 나갈 수 있도록 힘든 마음부터 안아주는 게 도움이 될 수 있다. 이때 행동·성격·감정·의도 너 대화를 활용하면 된다.

> **작가의 한마디**
> '욕구 너 대화'는 상대가 깊은 내면의 욕구를 깨닫고, 스스로 어려움을 해결할 수 있도록 돕습니다. 욕구는 무의식에 숨어 있어서 처음 받아들일 때 거부감을 불러일으킬 수 있으므로, 직접 거론하는 것을 피하고, 행동·성격·감정·의도·미래 너 대화를 통해 자연스럽게 이끌어주는 것이 핵심입니다.

PART 4. 너 대화로 자유로워져라

## 실전연습 6. 일상 속 욕구 너 대화

여기서는 별도의 예시를 두기보다 본문 속 남편을 증오하는 여인을 내담자로 두고, 자연스럽게 적용할 수 있는 욕구 너 대화를 알아보기로 하자.

상담자: 정말 많이 힘들고 지쳐 보이네요. 그동안 얼마나 고통스럽고 속상하셨습니까? 많이 힘드셨죠(감정)?

내담자: 네.

상담자: 그 힘든 일을 다시 떠올리며 말씀하시느라 정말 애쓰셨어요(행동).

내담자: ……

상담자: 그동안 고통이 꽤 컸을 텐데도 잘 참고 견디신 걸 보면 정말 인내심이 상당하신 듯해요(성격). 그렇게 참고 참았던 건 남편이 언젠가는 바뀔 거라는 기대가 조금이라도 있어서일 것 같은데, 제

얘기가 맞나요(의도)?

내담자: 네, 맞아요. 제가 조금만 더 참으면 남편이 예전 모습으로 돌아오리라 생각했어요. 시간이 해결해 줄 거라고 믿었고, 주변에 그렇게 바뀐 사람도 있어서 제 남편도 그럴 거라고 기대했어요. 그래서 조금만 더 참자, 참자했어요.

상담자: 그런 마음이었는데 남편분이 그 마음을 몰라줘서 더 속상했겠군요(감정)?

내담자: 네, 정말로 그래요.

상담자: 그럼, 남편분이 어떻게 바뀌기를 바라는지 여쭤봐도 될까요?

내담자: 전 큰 욕심 없어요. 그냥 예전처럼 대해줬으면 좋겠어요. 말도 다정하게 하고, 따뜻하게 바라보고, 그렇게 사랑해 줬으면 좋겠어요. 같이 웃으면서 식사도 하고, 장도 함께 보러 가고, 텔레비전도 같이 보고요.

상담자: 남편분이 아주 밉다고 하셨지만 말씀을 들어보니 정말 바라는 건 남편분께 예전처럼 사랑받고 싶은 거군요(욕구)?

내담자: 네, 남편에게 사랑받으면서 그렇게 살고 싶어요. 당장은 미워죽겠지만 남편에 대한 미련이 남아있고, 아직 남편을 사랑하고 있는 거 같아요.

상담자: 정말 솔직하고 용기 있게 속마음을 잘 얘기해 주셨어요. 잘 돕고 싶어서 질문하는 건데요. 남편이 바뀔 수 있게 고객님께서는 앞으로 무엇을 할 수 있을까요?

위의 대화에서 상담자는 내담자 스스로 자신의 욕구를 찾아갈 수 있도록 적절한 너 대화를 사용했다. "그동안 고통이 꽤 컸을 텐데도 잘 참고 견디신 걸 보면 정말 인내심이 상당하신 듯해요. 그렇게 참고 참았던 건 남편이 언젠가는 바뀔 거라는 기대가 조금이라도 있어서일 것 같은데 제 얘기가 맞나요?"라고 의도 너 대화를 하며, 고통스럽고 괴로운 탓에 내담자조차도 잊고 지냈던 그녀의 의도를 알아차리도록 도와주었다.

이렇게 그녀처럼 힘든 상황에 계속 노출이 되면, 처음에는 인내하며 극복하려고 노력하지만, 차츰 힘에 부친다. 또 그런 환경이 일상이 되면, 사람들은 그 모습을 삶의 일부로 받아들이는 경향이 있다. 따라서 위의 여인은 인내하고 버티는 모든 순간에 남편이 바뀌기를 바라는 염원을 품고 있었음에도 지쳐서 그 사실을 잊고 만 것이다.

이때 의도 너 대화로 그녀가 인내하고 버티는 까닭을 인지하게 하고, 그렇게 버텨온 그녀의 삶이 무의미하지 않으며, 의미 있는 시간이었음을 깨닫게 도와준다. 이로써 의도 너 대화는 상대가 잊고 있었던 의도를 알아차리게 하는 동시에 그동안 잘 견뎌온 태도를 가치 있게 만들어줌으로써 동기 부여하는 역할도 한다고 할 수 있다.

더불어 자기 행동에 어떤 의도가 있었는지를 알게 된 그녀에게 남편이 어떻게 바뀌기를 바라는지 묻고, 그렇게 되기 위해서 그녀가 무엇을 할 수

말의 비밀 : 너 대화법으로 풀어내는 프레임 전략

있는지 유도하는 질문은 마치 코칭을 진행할 때 피코치 스스로 해결책을 찾을 수 있게 돕는 과정과 흡사하다.

그녀의 욕구를 충족시키기 위한 방법으로는 여러 가지가 있겠지만, 본인이 할 수 있다고 믿고 선택한 방식이 가장 효력이 강력하다. 이에 마지막의 "잘 돕고 싶어서 질문하는 건데요. 남편이 바뀔 수 있게 고객님께서는 앞으로 무엇을 할 수 있을까요?"라는 질문은 내담자가 자신의 욕구를 파악하도록 도움을 주는 데서 그치지 않고, 해당 욕구를 충족할 수 있는 실천 방법을 능동적으로 찾을 수 있도록 유도하는 질문이다. 이는 상담이나 코칭을 전공하거나 배우지 않았더라도 상대를 온전히 바라보는 너 대화를 자유롭게 사용하면 충분히 할 수 있다.

당연히 당신이 위와 같은 상황에 직면해서 상담자의 역할을 하게 된다고 하더라도 똑같은 프로세스로 대화가 진행되지는 않을 것이다. 만나는 사람과 장소, 그날의 분위기에 따라서 대화의 방향이 달라지기 때문이다. 하지만 주어진 상황에서 상대를 있는 그대로 바라보며, 상대에 대해 이야기하는 너 대화의 본질에 익숙해진다면, 걱정할 필요 없다.

다만, 욕구 너 대화에 있어서는 상대의 욕구를 직접 표현하여 상대에게 알려줘야 할 때와 그렇게 하지 않아야 할 때가 있다. 이 부분은 상대에게 미치는 영향과 전반의 상황을 고려하여 결정하면 된다. 그러므로 욕구 너 대화는 상대의 욕구를 내 입으로 말하는 것이라고 이해하기보다 더 넓은 의미에서 상대의 욕구를 탐색하고, 그 욕구가 실현될 수 있도록 돕거나 스스로 욕구를 깨달을 수 있도록 하는 대화라고 정의한다면, 대화를 더욱 편하게 이어갈 수 있으리라 본다.

알고 있듯이 상대의 내면 깊숙이 숨어 있는 욕구를 찾아내는 일이 절대 쉽지 않다. 하지만 욕구만 발견한다면, 상대가 직면한 어려운 현상들의 근본 원인을 알 수 있고, 문제를 풀 수 있는 열쇠가 될 수 있다.

# 너 대화에서의 질문

 보통 신나게 이야기할 때는 대개 말을 잘 들어주는 상대가 있거나 혹은 상대가 즐겁게 말할 수 있도록 적절한 질문을 했을 경우다. 만일 이런 조건이 충족되지 않았는데 혼자 흥에 겨워 떠든다면, 눈치가 없는 사람이거나 '꼰대'일 확률이 높다.

 이처럼 잘 들어주는 것 또는 질문을 잘하는 것만으로도 상대를 행복하게 할 수 있다. 우리는 이를 '경청'이라고 하며, 수준 높은 경청은 상대의 말에 고개를 끄덕이고, 맞장구를 치며, 의도적으로 메모를 하면서 "그렇구나."라고 호응하는 것만으로는 완성되지 않는다. 그보다 상대에게 오롯이 집중하여 너 대화로 응대해야 한다. 상대를 놓치지 않고 바라본다는 관점에서는 경청과 너 대화는 동일하다고 볼 수 있다. 또한 이 둘은 말뿐만 아니라 마음의 소리까지 듣게 됨으로써 상대로 하여금 말하고 싶고, 존중받는 느낌을 갖게 한다. 그리고 진정한 경청 역시 너 대화와 마찬가지로 당신의 입을 통해 이루어진다. 다시 말해, 너 대화에 익숙한 사람은 경청을 잘하는 사람일 확률이 높다. 그렇다면 어떻게 너 대화로 수준 높은 경청을 할 수 있을까?

첫째, 질문만 잘해도 경청을 잘할 수 있다. 그전에 경청을 잘하기 위해서 듣는 태도가 좋아야 한다는 것은 두말할 필요가 없다. 당신의 몸이 상대를 향하고, 호기심에 가득 찬 눈빛으로 상대의 이야기를 듣고 싶다는 신호를 보내야 한다. 그런 다음, 상대가 이야기를 시작하면 적절한 너 대화와 함께 잘 듣고 있다는 반응을 곁들이는 게 좋다. 더불어 대화 중에 상대가 말한 부분을 정리해 당신이 잘 듣고 있음을 알려주면 금상첨화다. 이는 "~라는 말씀이시죠?", "~라고 이해하면 될까요?", "~라고 하신 게 맞을까요?", "~라는 의미인가요?" 등의 질문으로 활용할 수 있다.

나도 가끔 고객과 상담할 때 아래와 같이 질문하곤 하는데, 그럴 때마다 고객이 반가워하고, 고마워한다는 게 느껴진다.

나: 고객님께서는 외국에서 살아보거나 어학연수 경험은 없지만, 영어로 메일 업무를 진행하고, 그동안 섀도잉도 꾸준히 했는데, 얼마 전 외국인을 만났을 때 말이 안 나와서 많이 당황하셨다는 거죠?

고객: 네, 정말 무슨 말을 해야 할지 생각이 하나도 안 나더라고요.

나: 그래서 저희 수업을 통해 매일 실전처럼 말하기 연습을 해보려고 하는 거지요(의도)?

**말의 비밀** : 너 대화법으로 풀어내는 프레임 전략

위의 대화에서 내가 한 말은 질문의 형태를 갖췄지만, 실제로는 경청의 중요한 기술 중 하나다. 이를 '반복적 경청'이라고도 하는데, 상대가 말한 내용을 내 입으로 반복해서 정리하고, 그 부분이 맞는지를 확인하는 과정이다. 군대에서 상급자가 하급자에게 명령을 하달할 때 복명복창하는 것과 비슷한 개념이다. 이때 질문을 받은 상대는 당신이 잘 듣고 있다는 확신과 고마움 그리고 신뢰가 생긴다. 이뿐만 아니라 당신이 정리한 내용을 들으면서 본인이 의도한 바를 한 번 더 확인하는 과정을 거치고, 혹여나 오류가 있다면 친절하게 알려주려 한다. 이는 당신의 잘못을 지적하는 게 아니라 소통하면서 함께 일을 진행하고자 함이다. 하지만 반복적 경청을 너무 자주 사용하면, 상대는 오히려 말하는 데 방해를 받는다고 생각할 수 있다. 그러므로 필요한 순간에 적절하게 사용하여 최상의 효과를 얻는 데 집중해야 한다. 특히, 예시와 같이 반복적 경청 후, '의도 너 대화'로 상대의 의도를 속 시원하게 읽어주면, 대화에 활력이 생기고, 당신의 대처에 흡족해하는 상대를 느낄 수 있다.

이제 당신은 질문이 단순히 궁금한 부분을 알아내기 위한 수단이 아니라 경청과 너 대화를 구현할 수 있다는 사실을 이해했을 테다. 나는 질문의 힘이 강하다는 것을 코칭을 배우면서 더 깊이 알게 되었다. 부연 설명을 하자면, 코치는 적절한 질문을 통해 피코치 스스로 해결책을 찾을 수 있도록 돕고, 피코치는 코치의 질문에 답하면서 문제의 본질을 파악하여 해결 방안을 찾아나간다. 이때 어떤 질문을 받느냐에 따라서 피코치의 에너지 방향이 결정되는데, 그 에너지는 과거로 갈 수도 있고 현재 혹은 미래로 갈 수도 있다. 또 답을 하면서 긍정적인 느낌을 받을 수도 있고, 부정적인 느낌을 받을 수도 있다. 이런 의미로 코칭 세션에서 코치의 질문은 그야말로 백미다.

이러한 코칭 질문의 종류는 내가 알고 있는 내용만 해도 수십 가지인데, 똑같은 형태의 질문인데도 다른 이름으로 불리는 부분까지 고려하면 그 수는 더 늘어난다. 그러나 나는 질문의 종류를 나누고, 그것을 외우는 행위는 큰 의미가 없다고 생각한다. 핵심은 질문을 하는 목적이다. 질문의 의도가 명확해야 어떻게 질문할 지를 선택할 수 있다. 즉, 질문으로 얻고 싶은 점이 무엇인지, 어떤 도움을 주고 싶은지가 명확해야 가장 적합하고 효율적인 질문을 할 수 있다.

그러니 당신은 무엇을 질문하고, 어떻게 질문할지를 고민해야 한다. 여기서 '무엇'은 질문의 소재와 내용이며, '어떻게'는 질문의 형태다. 다시 말해, 소재가 하나라 하더라도 질문의 형태는 무수히 많을 수 있어서 질문을 만드는 창의성이 필요하다. 예를 들어, '올해의 목표'가 소재라면, 이렇게 다양하게 질문할 수 있다. "당신의 올해 목표는 무엇입니까?", "올해 꼭 성취해야겠다고 결심한 사항은 무엇인가요?", "오늘이 이번 연도 마지막 날이라고 상상한다면, 무엇을 이루기를 바라나요?", "작심삼일이 되지 않고 꼭 이루겠다고 마음먹은 게 있나요?", "당신이 세운 올해 목표가 무엇인지 궁금한데 얘기해줄 수 있을까요?"

한편, 질문은 단순히 궁금한 점을 묻는 게 아니라 질문으로 내가 원하는 바를 얻을 수도 있고, 상대의 기를 살려줄 수도 있다. 조금 더 이해를 돕기 위해 사례를 바탕으로 두 질문의 유형을 알아보자.

### 원하는 바를 얻는 질문

둘째 딸아이가 초등학생 때 리듬체조를 배우다가 초급반을 마치고, 중급반으로 올라갈 무렵이었다. 그런데 초급반은 주 1회 수업이 가능했지만,

중급반은 반드시 주 2회를 수강해야 하는 학원 정책으로 인해 어려움을 겪은 일이 있다. 왜냐하면 아이는 화·목요일만 수업에 참여할 수 있는 상황이었는데, 등록 가능한 자리는 목·금요일밖에 남지 않았기 때문이다. 이에 아내는 목요일 하루만 수업을 듣게 해달라고 부탁했지만, 학원에서는 중급반은 초급반과 달리 꼭 주 2회를 진행해야 한다는 똑같은 말만 반복했다. 그 상태로는 계속 초급반에 머물러 있어야 해서 아내는 중급반으로 올라가게 되었다고 좋아하는 아이를 생각하며 매우 곤란해했다. 나는 아내를 대신해 학원에 전화를 걸어 다음과 같이 말했다.

"선생님, 수안이가 중급반 올라간다고 너무 좋아해서, 화요일에 자리가 날 때까지 목요일 하루만이라도 수업을 들을 수 있는지 문의했는데, 학원 규정상 안 된다고 들었어요. 혹시 목요일에 수업을 두 번 들을 수는 없나요? 그것도 안 된다니 어떡하죠? 아이는 꼭 이번에 꼭 중급반에 올라가기를 원하는데, 저희가 어떻게 도움을 받을 수 있을까요?"

이런 나의 부탁에 선생님은 잠시 뒤 연락을 주겠다고 하고는 이내 화요일과 목요일에 중급반 수업을 들을 수 있다는 반가운 소식을 전했다. 전화를 끊은 뒤 선생님은 어떻게 도움을 줄 수 있을지를 고민하다가 원생 중 월요일과 화요일에 수업을 듣는 아이 엄마에게 연락해 화요일 수업을 금요일로 옮길 수 있는지를 물어보고, 수안이가 화요일에 수업을 들을 수 있게 해준 것이었다.

그런데 만일 내가 "선생님 수안이가 중급반 수업 들을 수 있게 도와주세요."라고 했다면, 수안이는 중급반 수업을 듣지 못했을 수도 있다. 이는

PART 4. 너 대화로 자유로워져라

프레임과도 연관되는데, "도와주세요."와 "어떻게 도움을 받을 수 있을까요?"는 듣는 사람이 전혀 다르게 받아들인다는 점에서 그 차이가 있다. 한마디로 전자는 수동적으로 반응하게 하지만, 후자는 능동적으로 움직이게 하는 효과가 있다. 따라서 진심으로 중 급반에 가고 싶은 마음을 전달하고, 어떻게 도움을 받을 수 있을지를 물음으로써 선생님 스스로 고민하고, 방법을 찾아 긍정적인 결과를 선물로 안겨줄 수 있었다고 믿는다.

이렇듯 말 속에는 언제나 크고 작은 에너지가 존재하고, 질문은 그 에너지의 방향을 결정한다. 가령, 여행이 즐거웠는지 물으면 에너지는 과거의 여행으로 순식간에 이동해서 그 순간을 연상하게 하고, 어떻게 도와줄 수 있는지를 물으면 에너지는 도와줄 수 있는 여러 방법을 떠올리게 한다. 그래서 당신은 에너지의 조련사가 되어 에너지를 보낼 곳을 결정하고, 전략적으로 질문해야 한다.

### 상대의 기를 살리는 질문

당신이 질문으로 상대의 기를 살리고 싶다면, 질문의 에너지를 상대의 기를 살릴 수 있는 곳으로 보내야 한다. 그리고 그곳은 상대의 과거일 수도 있고, 생각이나 가치관일 수도 있고, 미래의 어느 지점일 수도 있다. 이를 피부로 느끼게 해준 경험이 있다.

모 단체에서 주관하는 지질학 강의를 들으러 갔을 때였다. 당시에 초청 강사는 질의응답 시간을 할애했는데, 대부분은 지식을 넓히고자 본인이 궁금한 점을 물었고, 어떤 한 사람은 자신의 지식을 뽐내기 위한 의도로 질문했다. 당연히 평생을 연구하며 한 길을 걸었던 강사가 보기에는 참 얕은 지식이었을 테다. 참고로 나는 그 사람 뒤에 질문했는데, 다른 사람들처럼 지식을 넓히기 위한 내용은 아니었다. 더욱이 고등학생 때 지구과학 과목에서 배운 용어들이 간혹 등장하기는 했지만, 지질학은 내게 무척 생경한 분야였다. 그럼에도 그날 강사가 주장했던 '한반도 태생 이론'은 내 기본 지식과 관계없이 무척 흥미진진했다. 그래서 나는 백발이 무성함에도 쉼 없이 2시간 동안 열정적으로 강의한 강사의 기를 살려주고 싶어서 질문을 하며, 대화를 나누었다.

나: 교수님, 2시간 동안 강의를 들으면서 지질학이 참 어렵다고 생각했습니다.

강사: (미소 지으며) 네, 어려운 학문이지요.

나: 사실 전, 교수님의 강의를 이해할 수 있는 충분한 지식이 없는데도 한반도 태동에 대한 교수님의 주장에 고개가 끄덕여집니다. 그동안 교수님의 주장을 뒷받침하는 연구 결과나 가설 등이 발표될 때마다 가슴이 벅차셨을 듯한데, 어떠셨어요?

내 질문을 들은 강사의 표정은 답변하기 전부터 상기되어 있었다. 그간 온 힘을 바쳐 연구하며 겪었던 과정이 머릿속에서 주마등처럼 스쳐 지나고 있음을 그의 표정에서 느낄 수 있었다. 그런 그는 그 순간순간으로 돌아가 회고했고, 그의 답변이 끝난 후 나는 다른 질문을 던졌다. "학회에서 교수님의 가설을 지지하는 분도, 다른 주장을 하는 분도 있을 텐데요. 제가 다른 가설을 주장하시는 분의 강의를 접해도 오늘처럼 고개가 끄덕여질까요? 교수님의 가설이 다른 분들과 구분되는 부분이 있다면 어떤 점이 있을까요?"

PART 4. 너 대화로 자유로워져라

강사의 표정은 어땠을까? 내 말이 끝나기도 전에 화색이 돌며 반가워한 것은 물론, 본인의 가설이 설득력 있는 이유에 대해 확신에 찬 얼굴로 설명했다. 그 순간 나는 평생 열정을 바쳐왔던 여정을 떠올리며, 눈빛이 빛나는 아름다운 학자를 볼 수 있었다. 그 모습이 내 질문으로 다른 가설에 대한 지식을 얻게 되어 기뻐하는 참가자들의 반응보다 더 값지게 다가왔다. 내 질문의 의도가 통했으니까. 더 나아가 질문 하나로 누군가를 환희에 차게 할 수 있다는 사실에 뿌듯했다.

이와 같이 우리는 질문으로 상대의 기를 얼마든지 살려줄 수 있다. 반대로 기를 눌러 사기를 떨어뜨리게도 할 수 있다. 놀랍게도 후자의 질문은 많은 사람에게 익숙해서 각자 말 습관을 돌아볼 필요가 있다. 그런 다음 비난 섞인 질문을 피하고, 상대를 존중하는 말투로 바꾸는 것부터 시도해 보자. 가령, "왜 그렇게 했어?"에는 비난과 훈계가 어울리고, "와, 이걸 어떻게 했지?"에는 행위에 대한 놀라움 또는 칭찬이 어울리듯, 당신의 질문에는 에너지가 존재하고, 흘러가는 방향이 있다. 마찬가지로 당신의 에너지가 상대를 존중하는 쪽으로 향하면, 상대의 기를 올릴 수 있다. 응용한다면 아래처럼 이야기할 수 있다.

"어떻게 3일 만에 이걸 끝냈죠? 분명히 숨은 비결이 있지요?"
"외국에 거주한 적도 없으면서 영어를 원어민처럼 유창하게 하시네요. 얼마나 연습하면 그렇게 되나요?"
"어떻게 하면 그 연세에 이렇게 건강하고, 젊어 보이실 수 있죠? 특별한 비법이 있나요?"

어떤가? 텍스트로만 읽어도 기분이 좋아진다. 그리고 이렇게 기를 살리는 질문을 하는 당신은 상대에게 특별한 사람이 된다. 말 그대로 이보다 좋은 투자는 없다.

우리 주변에도 이렇게 멋지게 상대의 기를 살려주는 질문을 하며, 좋은 관계를 형성하는 사람들이 있다. 그러나 그들이 질문을 받았을 때의 상황은 또 다른 문제다. 에너지는 질문하는 사람이 보내는 곳으로 향하기 때문이다. 그러니 아무리 평소에 상대의 기를 살려주는 질문을 하는 사람도 질문을 받을 때는 질문자의 에너지에 따라 감정이 바뀔 수 있다.

### 답변하지 않아도 되는 질문

나는 강의장에서 질문의 영향과 효과를 설명하면서 가끔 참가자들에게 질문게임을 시키는데, 방식은 다음과 같다. 두 사람이 약 50cm의 거리에서 서로 눈을 마주치고, 번갈아 가면서 쉼 없이 질문을 주고받는다. 이때 질문에 답을 하거나 바로 질문하지 않고 머뭇거리거나 눈을 피하면, 게임에서 지게 된다. 그야말로 상대가 질문을 해도 답변하지 않고, 다른 질문을 하면 되는 단순한 게임을 하면서 참가자들은 웃음을 참지 못한다. 만만하게 생각한 게임이 뜻대로 되지 않고, 계속 실수를 하는 모습이 당황스럽기 때문이다. 게임을 시작하기 전에 상대가 질문을 해도 답을 하지 않겠다고 단단히 마음을 먹어도 대부분이 얼마 못 가 실패하는 참가자들을 지켜보고 있으면, 질문의 힘이 상당함을 새삼 느낀다. 질문을 듣는 순간, 상대가 보낸 에너지 방향으로 이동해 결국 답을 하기 때문이다.

반면, 너 대화를 하는 사람들은 예외다. 질문을 받을 때도 에너지를 질문자가 보내는 곳으로 따라가지 않고, 상대를 놓치지 않고 보는 데 집중할 뿐만 아니라 질문에 대한 에너지의 방향을 마음껏 바꿀 수 있는 덕분이다.

더 정확하게는 질문이 어떤 맥락에서 출발했는지를 알고, 그 본질을 파악하고 있으니 상황에 따라 답변을 하기도 하고, 답변보다 더 적절한 너 대화를 사용한다. 그 결과, 에너지의 방향이 아래의 예시처럼 질문했던 사람이 보내려던 흐름과 전혀 다른 방향으로 움직여 순식간에 프레임이 바뀐다. 일상에서도 충분히 일어날 수 있는 상황이니 익혀두었다가 활용해 보길 바란다.

아이가 "엄마, 저녁 언제 먹어?"라고 묻는다. 이때 "아빠 들어오시면 같이 먹을 거야."라고 하지 않고 "우리 딸, 배고프구나?"라며 의도 너 대화로 질문 에너지의 방향을 아이에게 다시 보낼 수 있다. 그러면 아이는 반갑게 "응."이라고 답변할 테고, 엄마는 "뭐 먹고 싶은 거 있어?"라고 다시 물으며 소통을 이어갈 수 있다.

회사에서 팀원이 "팀장님, 오늘은 야근 몇 시쯤 끝날까요?"라고 묻는다. 그런 그에게 "일해 봐야 알지. 최소 9시는 돼야 할 것 같은데?"라고 하지 않고, "김 주임, 무슨 일 있구나? 편하게 얘기해 봐."라고 물어주면 직원을 배려하는 리더십을 발휘할 수 있다.

의사에게 수술에 대한 설명을 들은 보호자가 "수술이 그렇게 복잡하다면 몇 시간이나 걸리나요?"라고 묻는 경우에도 "7시간 정도 걸릴 겁니다."처럼 예상한 답변이 아닌 "복잡한 수술이라고 하니까 많이 걱정되시죠?"라고 감정 너 대화를 하면, 에너지의 방향이 보호자에게 향하는 동시에 배려와 공감을 받는다는 느낌을 전달할 수 있다.

이와 관련해 내가 고객과 상담하면서 자주 사용하는 질문이 있다. 고객이 "제가 얼마나 수강하면 영어로 말하는 게 자연스러워질까요?"라고 물어

말의 비밀 : 너 대화법으로 풀어내는 프레임 전략

오면 "그건 사람마다 다르죠. 얼마나 열심히 하느냐에 따라서도 다를 거고요."라고 하지 않고, "급하게 영어를 쓰셔야 할 일이 있으시군요?"라고 질문 에너지를 다시 고객에게 보낸다. 그럼 대부분의 고객은 "네, 갑자기 회사에서 영어를 사용해야 하는 부서로 발령이 나서요."라고 고민을 털어놓으며 마음을 연다.

이처럼 너 대화를 하는 사람들은 상대의 질문을 더 깊은 소통의 도구로 만들 수 있다. 심지어 질문에 답변을 하지 않아도 불쾌해하기보다 오히려 고마워한다. 한마디로 너 대화는 질문을 할 때나 받을 때나 원하는 프레임으로 자유롭게 설정하게 하는 강력한 힘을 지니고 있다.

**작가의 한마디**
질문은 단순한 호기심을 넘어 경청과 너 대화를 완성하는 또 하나의 강력한 소통 도구입니다. 질문에는 언제나 방향과 에너지가 존재하는데, 이를 잘 활용해서 당신이 의도하는 상황을 만들어 보세요.

PART 4. 너 대화로 자유로워져라

# 너 대화 연습하기

나는 강의 중에 '너 대화'를 충분히 이해했다고 대답한 참가자들도 실습할 때 바로 적용하지 못하는 경우를 자주 접한다. 너 대화를 하겠다고 한참을 고민한 후에 입을 열지만, 대체로 '나 대화'를 사용한다. 심지어 본인은 상대에 관해 말한다고 생각하지만, 나 대화임을 뒤늦게 깨닫는다. 그만큼 너 대화는 상식적으로는 어렵지 않게 이해할 수 있어도 적용에 있어서는 이상적이고, 어렵다. 이러한 이유로 나는 너 대화의 실천을 강조하고, 또 강조한다. 그것만이 너 대화를 일상화하여 삶을 변화시키는 지름길이라서 그렇다.

이와 관련한 잊지 못할 경험이 있다. 모 기업의 영업사원 교육을 하는 날이었다. 한 참가자가 몇 달 전 너 대화 강의를 들은 이후 지점 판매왕이 되었다며, 내게 넥타이 선물을 했다. 그 한마디에 그가 내가 전달한 지식에

**말의 비밀** : 너 대화법으로 풀어내는 프레임 전략

그치지 않고, 고객들에게 너 대화를 적용했음을 알 수 있었다. 실제로도 그의 말과 태도는 처음 만났을 때와는 완전히 바뀌어 있었다. 진심으로 너 대화를 본인의 것으로 만들기 위해 노력한 그에게 고마웠다. 더불어 말이 바뀌면 사람도, 인생도 바뀐다는 말을 실감하는 순간이었다.

이토록 내가 누군가의 말의 변화에 감격할 만큼 말을 바꾸는 게 쉽지 않다. 특히 너 대화를 일상화하는 건 더더욱 어렵다. 실제로 주변에서 너 대화를 사용하는 사람을 만나는 일이 흔치 않아서 필요성을 못 느끼기도 한다. 게다가 세상에는 너 대화의 개념을 들어보지 못한 사람이 대부분이다.

이 같은 이유로 이 책을 통해 너 대화를 접한 당신은 너 대화의 선구자가 될 기회를 얻은 것이나 다름없다. 만일 이 기회를 잡아 인생을 바꿔보고 싶다면, 내가 소개하는 연습법을 꼭 실천해 보길 바란다.

우선 너 대화를 잘하기 위한 첫 단계는 '나 대화와 너 대화 구분하기'다. 이를 위해 지금부터 당신이 말하는 모든 대화를 나 대화와 너 대화로 구분하는 연습을 해보자. 또 당신과 대화를 나누는 상대의 말도 나 대화와 너 대화로 구분해 봐라. 이 연습이 익숙해지면, 드라마나 영화 그리고 다른 사람의 대화를 들을 때도 나 대화와 너 대화를 구분해 듣는 역량이 생긴다.

물론, 두 대화를 구분할 수 있게 되었다고 해서 너 대화를 실전에서 바로 능숙하게 사용할 수 있는 건 아니다. 다음 단계인 '대화 중 마음속으로 너 대화 만들어보기'를 꼭 해야 한다. 평소 말 습관대로 나 대화를 하더라도 너 대화로 바꾸면 어떻게 말할 수 있는지를 스스로 묻고 답을 찾아가는 연습을 대화할 때마다 해보는 것이다. 처음에는 적합한 너 대화를 찾는 데 시간이 걸리겠지만, 반복할수록 그 시간이 짧아지고, 결국 나 대화를 하면서도 너 대화가 동시에 떠오르는 경험을 하게 된다.

이 단계가 되면 실생활에서 너 대화를 확신 있게 사용하면 된다. 이때 실패를 걱정할 필요는 없다. 그저 얼마나 적합한 너 대화를 찾느냐에 집중하면 된다. 이 훈련이 쌓이면서 만들어지는 완숙한 너 대화는 당신을 더욱 빛나게 해줄 것이다. 하지만 대화 중에 어떤 특정한 감정에 몰입되어 평정심을 놓치면, 그 능력은 순식간에 사라진다. 그래서 평정심을 유지하는 능력이 중요하다. 이 부분은 감정에 대해서 다룰 때 더 깊이 나누도록 하고, 사례를 통해 너 대화 연습법을 공유해 본다.

회사 임원진들 앞에서 프레젠테이션을 성공적으로 마친 당신. 그런 당신에게 함께 발표를 준비한 후배가 다가와 "팀장님, 정말 멋지게 발표하셨어요. 사장님부터 임원진들 반응이 상당한데요? 그동안 정말 수고하셨어요." 라며 축하 인사를 전한다. 이때 "고마워. 나도 다행히 떨지 않고 잘한 것 같아."라고 나 대화로 말하더라도 당신은 "송 대리가 자료 다 준비해 줬잖아." 혹은 "송 대리, 계속 조마조마하게 지켜봤지? 그동안 우리가 애쓴 게 혹시라도 물거품 될까 봐?" 등 너 대화를 머릿속으로 떠올려야 한다.

만일 후배가 "팀장님, 내용도 좋았지만 발표 정말 잘하시던데요. 저도 팀장님께 발표하는 법 배워야겠어요."라고 축하했을 때도 "괜찮았어? 어제 잠도 못 자고 연습했어. 그래도 다행히 연습한 보람이 있었네."라고 나 대화로 말하더라도 "송 대리는 어쩜 늘 힘이 되는 소리만 해? 오늘도 그 힘으로 발표한 거야." 혹은 "그동안 참 고생 많았다. 발표 연습할 때 송 대리가 정말 중요한 핵심을 잡아줬어."와 같이 너 대화를 생각해 내야 한다.

그렇다고 당신이 너 대화를 연습하고 있는 사실을 아는 사람은 아무도 없다. 오로지 당신 내부에서 이루어지는 프로세스여서 밖으로 드러나지 않는다는 뜻이다. 그러므로 주위 사람들의 시선을 의식하거나 실수할 것을 걱정할 필요가 없다. 더욱이 오랜 시간을 투자해 얻을 수 있는 스킬이 아니니 단단히 마음먹고 앞서 소개한 대로 모든 대화에 적용해 연습해 보자. 그러다 보면 나 대화와 너 대화가 동시에 떠오르는 순간을 마주하게 된다. 아마도 이는 그동안 겪어보지 못한 신선한 경험으로 다가올 테고, 그 시점부터 자신감을 가지고 확신 있게 너 대화를 사용하면 된다. 이렇게 너 대화의 첫걸음을 뗀 이후로는 더 좋은 너 대화를 찾게 되고, 더 잘 사용하고 싶은 마음이 생긴다.

**작가의 한마디**
'너 대화'의 첫 단계는 나 대화와 너 대화를 구분하는 것에서 시작합니다. 그다음 단계로 대화 중에 마음속으로 너 대화를 만들어 보는 연습을 하다 보면, 나 대화와 너 대화가 동시에 떠오르게 됩니다. 집중해서 연습하면 그리 오래 걸리지 않으니 자신감을 가지고 바로 시작해 보세요.

PART 4. 너 대화로 자유로워져라

## 나 전달법

지금까지 '너 대화'의 장점에 대해서 강조했다. 그러나 상대의 잘못이나 실수, 비판 등을 너 대화로 하게 되면, 상대에게 부정적인 감정이 생기게 된다. 의도가 아무리 좋다 하더라도 상대 입장에서는 당신의 말에 쉽게 동의하기 어렵기 때문이다. 이 경우에는 너 대화보다는 '나 전달법(I-message)'이 효과적이다. 가령, 상대의 우유부단한 성격에 대해 조언한다고 해보자. 이때 나 전달법을 적절하게 사용하면 된다. 참고로 나 전달법은 상대의 감정이 상하는 것을 예방하며, 나의 의견을 전달하는 심리학 용어다.

앞서 우리는 자기 자신을 보호하고, 나의 주장을 관철하기 위해 나 대화를 사용한다고 했다. 이는 대화를 하면서 '나'를 보는 것에 익숙하고, 상대를 보지 못하기 때문인데, 대부분이 이런 대화에 익숙해져 있다. 그런데 너 대화를 연습하고, 실천해 보면 알게 되겠지만, 대화하면서 상대를 볼 수 있

말의 비밀 : 너 대화법으로 풀어내는 프레임 전략

는 것과 그렇지 않은 것에는 큰 차이가 있다. 하지만 숙련되지 않은 상태에서 상대를 보고, 상대의 모습이나 상황을 입에 담다가 보면, 자기도 모르게 비난하게 될 때가 있다. 그러면 상대는 감정적으로는 매우 불쾌해질 수밖에 없다. 설령, 당신의 비난을 듣고 상대가 사과를 하거나 용서를 구한다고 하더라도 이는 감정이 불편한 상태에서 취하는 이성적인 판단에 의한 사회적 행동일 뿐 결코 마음에서 우러나온 반응은 아니다.

이 같은 일을 피하려면, 당신의 감정을 상대를 비난하는 데 싣는 게 아니라 감정을 분리하여 설명할 수 있어야 한다. 감정은 말하지 않아도 드러나기에 굳이 말로 표현하지 않아도 된다. 아니, 오히려 어색해질 수 있다. 그러나 나의 감정을 꼭 전달해야 한다면, 나 전달법을 선택하는 것을 권한다. 이는 상대가 당신의 감정에 영향을 받아서 부정적 감정이 생산되지 않도록 도움을 주는 덕분이다. 그렇다면 나 전달법은 어떻게 사용하면 될까?

나 전달법을 사용할 때는 사실, 영향, 감정, 기대에 대해 언급하는 것을 원칙으로 한다. 각 항목을 하나하나 살펴보자면, 우선 사실을 말할 때는 자신의 주관적인 견해를 배제하고, 객관적으로 일어난 사실을 묘사해야 한다. 그런데 우리는 주관적 견해를 객관적 사실이라고 오해하는 경우가 많아서 때로는 이를 구분하기가 쉽지 않다. 예를 들면, 상대가 30분 늦은 사실을 말해야 하는데 그를 게으른 사람이라고 표현하거나, 보고서를 다 마치지 않고 퇴근한 사실을 말해야 하는데 그를 무책임한 사람이라고 하면서 그것을 사실이라고 믿는 것이다. 이때 당신의 말을 들은 상대는 30분 늦었거나 보고서를 마치지 않고 퇴근한 것은 사실이라서 인정할 수밖에 없지만, 게으른 사람이나 무책임한 사람으로 치부되는 부분은 동의하지 않을 가능성이 크다. 그러므로 갈등을 피하려고 사용한 나 전달법으로 상대와 더 큰 갈등이 생길 수 있으니 반드시 객관적인 사실만을 묘사해야 함을 명심해야 한다.

이렇게 사실을 선달한 후에는 당신이 받은 영향에 대해서 이야기하면 된다. 영향은 객관적인 사실에 의해 일어난 현상으로 상대가 30분 늦어서 회의를 시작할 수 없었다든지, 주문한 음식이 식었다든지, 마감 시간이 지나서 박람회에 입장할 수 없게 되었다든지 등 눈에 드러나는 결과만을 짚어주는 것이다.

다음으로 그로 인해 생겨난 감정을 말하면 된다. 격해진 감정을 그대로 드러내라는 게 아니다. 그저 상대의 행동으로 인해 생긴 당신의 감정을 이런 식으로 전하라는 뜻이다. "우리가 9시에 모이기로 한 건 교수님이 오시기 전에 너의 발표부터 미리 확인한 다음에 교수님과 토론을 하려고 한 건데, 네가 늦게 와서(사실) 우리는 준비 없이 교수님을 만나야 하잖아(영향). 난 사실 오늘 조금 실망했어(감정). 네가 약속은 정확히 지킬 거라 믿었거든." 여기서 주의할 사항은 영향과 감정을 구분해야 한다는 점이다. 전자가 누구도 부인할 수 없는 객관적 사실이라면, 후자는 해당 사건으로부터 받은 영향이기는 하나 당신이 느끼는 주관적인 기분이라고 인지하면 된다. 따라서 화가 났다고 화를 내는 게 아니라 화를 설명하고, 실망했다면 실망의 눈초리를 주면서 상황을 회피하는 게 아니라 말로써 실망했다고 상대에게 전달하는 것이다.

마지막으로 위의 예문에서처럼 사실, 영향, 감정을 전달했다면, 당신의 기대를 더해주면 된다. "난 네가 앞으로 약속 시간을 정확히 지켰으면 좋겠어. 예기치 못한 급한 상황이 생기면 꼭 미리 연락 주고."처럼 당신이 상대

말의 비밀 : 너 대화법으로 풀어내는 프레임 전략

에게 바라는 바를 전달하면서 여전히 애정이 있음을 드러내고, 상대의 변화된 행동을 상대가 상상할 수 있게 도와주는 것이다.

물론, 이 순서를 그대로 지키지 않아도 된다. 그저 상대를 비난하기보다는 일어난 일과 그에 따른 영향을 객관적으로 묘사하고, 그로 인해 생성된 감정과 앞으로 바라는 기대를 전달하는 목적에만 충실하면 된다.

이쯤에서 위의 예시에서 나 전달법을 사용하지 않았다면 어떻게 말했을지 추측해 보자. 아마도 "(몹시 화를 내며) 지금 몇 시야? 선배들은 바빠도 시간 맞춰서 와 있는데, 넌 어떻게 된 애가 시간 하나도 못 맞추니? 왜 이렇게 게으르고 책임감이 없어? 교수님도 곧 오실 텐데, 준비도 안 되어 있는 이 상황에 대해 뭐라고 할 거야? 네가 이거 다 책임질래? (잠시 침묵) 너 이거 마지막이야. 한 번만 더 이런 식으로 하면 절대 가만 안 있어. 알겠어?"와 비슷하게 이야기하지 않았을까?

또 당신이 선배로부터 이런 충고를 들었다고 가정해 보자. 무덤덤한 사람이라도 심한 모멸감을 느꼈을 것이다. 이미 잘못을 알고 있고, 미안한 마음이 있더라도 좋은 충고로 받아들이기가 쉽지 않을 게 분명하다. 혹 늦을 수밖에 없었던 정말 중요한 이유가 있었다면, 분노가 치밀어 오를 수도 있다. 게다가 이 사건을 계기로 모욕적 언사를 아무렇지도 않게 하는 선배를 평상시처럼 마주할 자신이 없다. 어쩔 수 없이 관계를 유지해야 한다고 하더라도 마음의 앙금은 쉽게 지워지지 않을뿐더러 그를 대할 때마다 슬그머니 화가 올라오기도 한다.

이러한 이유로 상대의 행동이 개선되기를 바랄 때는 나 전달법이 탁월하

PART 4. 너 대화로 자유로워져라

다. 당신의 말을 들은 상대가 유쾌하지는 않을 수는 있어도 최소한 당신에 대한 증오감이 생기진 않을 것이다. 몇몇은 감정적으로 격하지 않은 당신의 말을 가볍게 들을 수도 있겠지만, 지성인이라면 대부분 스스로 잘못을 깨닫고, 개선하려고 노력하게 된다.

그런 가운데 의도적으로 나 전달법을 사용하지 않음으로써 상대에게 충격을 가하여 즉각적인 효과를 불러일으키기도 한다. 이런 즉각적인 효과를 교육이라고 맹신하고, 자녀를 양육하는 부모도 많은데, 그들 대부분이 아이들이 말을 잘 안 듣는다고 말한다. 화를 내는 순간에는 바뀌는 듯해도 금세 원래의 상태로 돌아오기 때문이다. 이렇게 매번 그때뿐인 아이들의 태도에 부모들도 지쳐간다. 그러니 이제부터는 훈육할 때 화를 내기보다 나 전달법으로 아이에 대한 당신의 기대를 말해보자. 당연히 아이들은 당신이 기대하는 대로 즉각 반응하지는 않을 테다. 하지만 그렇게 하는 것이 결국에는 화를 내고 다그치는 것보다 빠를 수 있다. 당신이 화를 내는 빈도가 높아지면, 아이들은 눈치가 생겨서 그 순간에 어떻게 대처해야 하는지를 스스로 터득하게 된다. 그렇게 당신이 화내는 순간을 넘기고 나면, 아이들은 아이답게 다시 예전으로 돌아간다.

반면, 나 전달법은 아이의 행동을 비난하기보다는 당신의 기대에 초점이 맞춰져 있어서 아이들은 당신의 기대를 지속해서 접한다. 그리고 그 기대가 아이의 기대와 일치한다면, 스스로 개선하려고 노력한다. 즉, 아이들은 무엇이 옳은지 몰라서 행동으로 옮기지 못하기도 하지만, 알고 있으면서도 자신을 통제하는 힘이 부족해서 실천하지 못하기도 하니, 부모로서 아이를 믿고 기다려주는 시간도 필요하다. 그러면 아이는 자기관리 능력이 향상되면서 당신의 기대에 점차 부응하는 모습을 보여준다.

말의 비밀 : 너 대화법으로 풀어내는 프레임 전략

한편, 주어진 상황에 따라 너 대화와 나 전달법을 함께 사용할 수도 있다. 이를 통해 말의 품격을 올리고, 상대에게도 존중받고, 인정받는 긍정적인 느낌을 줄 수 있다. 다음은 너 대화를 한 뒤, 나 전달법을 붙여서 사용한 예다. "넌 어떻게 술도 마시지 않으면서 자리에 끝까지 남아있고, 취한 사람들 일일이 챙겨서 택시도 잡아주고, 대리도 불러주고, 심지어 네 차로 직접 집까지 태워주니. 그런 거 보면 너 진짜 책임감이 큰 거 같아. 그런데 너의 그런 모습(사실)을 보니까 한 가지 걱정이 있어(감정). 네가 그렇게 다른 사람들 챙기느라 네 할 일을 다 못할 것 같아서. 너같이 책임감 있는 사람이 시간이 부족해서 보고서도 다 못 썼잖아(영향). 난 네가 네 일도 챙기고, 너 자신도 좀 돌봤으면 좋겠어(기대)."

당신이 이런 조언을 들었다면 기분이 어떨까? 칭찬도 듣고, 인정도 받고, 당신을 진정으로 걱정해 주는 상대의 마음도 느꼈다. 동시에 행동의 변화를 요구받았다. 대체로 이런 요구에는 비난이 포함되는데, 비난 대신 상대의 따뜻한 애정을 느끼고, 행동 변화 요구를 긍정적인 마음으로 받아들이게 된다. 이것이 너 대화와 나 전달법이 만난 시너지 효과다.

**작가의 한마디**
상대의 잘못이나 실수를 부드럽게 전달하고 싶다면, '나 전달법'이 효과적입니다. 객관적인 사실과 그로 인한 영향 그리고 감정과 기대를 전함으로써 상대의 행동 개선을 요구하는 현명한 방법이니까요. 이를 통해 상대는 비판 없이도 개선하려는 마음을 가질 수 있습니다.

PART 4. 너 대화로 자유로워져라

# PART 5
# 전략적 표현으로 가능성을 높여라

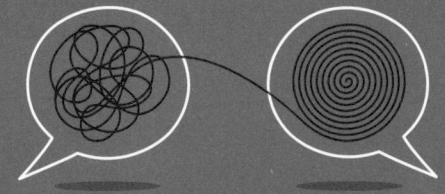

# 전략적 표현의 정의

　지금까지 우리는 '프레임'과 '너 대화'에 대해 살펴봤다. 여기에 '전략적 표현'이 더해지면, 언제 어디서나 내가 원하는 상황을 만들어낼 수 있다. 중요한 건 이 세 요소가 결코 따로 존재하지 않고, 서로 유기적으로 연결되어 우리의 말에 힘을 실어준다는 점이다. 그렇다면 전략적 표현이란 무엇일까?

　같은 상황이라도 말하는 방식이 사람마다 다른 이유는 사람마다 저마다의 말 습관이 있기 때문이다. 이 말 습관이 무의식적으로 형성된 것이라면, '전략적 표현'은 의도와 목적이 담긴 의식적인 말하기다. 어떤 단어를 선택하고, 어떤 방식으로 말하느냐에 따라 상대의 반응은 완전히 달라질 수 있다. 전략적 표현이란, 이렇게 의도에 맞는 가장 적절한 표현을 통해 프레임을 형성하는 과정이다.

한편, 우리의 뇌는 특정한 말을 들으면 그동안의 경험을 바탕으로 즉시 이미지를 떠올린다. 예를 들어, '자전거'라는 단어를 들으면 자전거의 모습이 떠오른다. 하지만 자전거를 한 번도 본 적이 없다면, 이 단어를 들어도 아무 이미지도 떠오르지 않는다. 마치 내가 '안저리카'라고 말해도 당신의 머릿속에 아무것도 떠오르지 않는 것처럼 말이다. 참고로 안저리카는 방금 내가 즉석에서 만들어낸 말이다.

말에 따라 떠오르는 이미지는 감정과도 깊이 연결되어 있다. 내가 아는 한 외국인은 'snake'라는 단어만 들어도 심하게 놀란다. 그녀가 한국에 방문해서 함께 에버랜드에 갔을 때, 천장에 장식된 뱀 모형을 보고 어쩔 줄 몰라 하는 모습에서 그 단어에 무서운 경험이 연결되어 있음을 직감적으로 알 수 있었다. 하지만 그녀는 한국어 '뱀'에는 아무런 감정의 변화도 없었다. snake가 한국어로 뱀이라는 걸 안 뒤에야 약간의 반응을 보이긴 했지만, 영어 단어만큼 강렬하진 않았다. 이처럼 특정 단어나 표현에 대해 우리의 뇌가 이미지화하면서 감정을 불러일으킨다. 전략적 표현은 바로 이 지점을 활용해 상대에게 내가 원하는 이미지를 떠올리게 만드는 기술이다.

제품을 잘 파는 영업사원은 제품의 사양을 나열하는 대신, 고객이 제품을 사용하며 누릴 이점을 생생하게 상상하게 만든다. 가령, "우리 제품은 고출력 프리미엄 강력 파워 모터를 사용해서 초당 약 20회 정도 회전력으로 음식물을 분쇄하고, 19중 다중 분쇄 시스템으로 아주 정교하게 갈아줍니다. 3개의 메인 칼날과 2개의 맷돌 삼각 칼날이 상하로 움직이고, 미세 분쇄 날도 10개나 됩니다."라는 설명을 들었다고 생각해 보자. 십중팔구 이 설명대로 이미지를 떠올리기가 어렵다. 왜냐하면 음식물 처리기의 제원에 대한 경험과 지식이 없어서 뇌에서 이미지를 명확하게 그려내지 못하

말의 비밀 : 너 대화법으로 풀어내는 프레임 전략

기 때문이다. 반면, "고객님, 그동안 음식물 쓰레기 처리하느라 스트레스 많이 받으셨죠? 피곤하고 힘든 날도 음식물 버리러 나갔다 와야 하고, 엘리베이터에서 주민을 만나면 냄새 때문에 괜히 미안해서 뒤로 숨기기도 하셨을 거고요. 앞으로는 싱크대에 바로 버린 후, 발판 한 번만 밟으면 흔적도 없이 사라질 겁니다. 이 제품이 그렇게 도와드릴 거예요. 그리고 커피 좋아하신다고 했으니 앞으로는 음식물 버리러 왔다 갔다 하는 시간에 여유롭게 커피 한잔의 여유도 즐기세요. 음식물 냄새 대신 은은한 커피 향을 느끼는 삶, 꼭 누리시길 바랍니다."라는 말을 듣는다면 훨씬 강한 이미지를 그리게 된다.

이렇듯 뇌는 들은 말을 그대로 이미지화한다. 어떤 사람은 특정한 낱말에 민감하게 반응하곤 하는데, 이는 과거의 강렬한 경험이나 감정에 연결되어 있기 때문이다. 나에게도 이와 관련한 사례가 있다. 한번은 알고 지내는 형님과 대화 중에 의견이 다른 부분이 있어 농담 삼아 웃으며 "형님, 참 고집 세네요."라고 한마디 했다가 엄청난 공격을 받았다. 평소 성격은 부드러운데, 유독 고집이 세다는 말에 화를 참지 못한다는 걸 그제야 알았다. 그 후로는 고집이 세다는 말은 피하고, 주장이 명확하다거나 의견이 확실하다는 등의 표현으로 대신한다. 전략적으로 대체 표현을 선택해 상대의 감정을 자극하지 않고, 나의 의견을 전달하는 것이다.

정리하자면 전략적 표현은 상대의 뇌에 심고 싶은 이미지를 의도적으로 전달해 그 이미지를 선명하게 그리도록 하는 데 목적을 둔다. 나 역시 고객과 상담을 하면서 이 기술을 자주 사용한다. 이따금 "영어 말하기는 정말 어려운 것 같아요. 그래서 대부분 포기하는 듯하고요. 저도 지금까지 이것저것 많이 해봤는데, 안 되더라고요. 화상영어도 마찬가지 아닌가요?"라고 묻는 고객이 있다. 만일 당신이라면 여기에 어떻게 답할까? 아마 보통은 "말씀하신 대로 영어 말하기가 어려워서 포기하는 사람이 많기는 하지만 꾸준히 공부하면 실력이 많이 오를 거예요." 정도일 것이다. 나쁘지는 않지만 전략적 표현 관점에서 보면 아쉽다. 대화를 살펴보면, 고객은 이미 영어 말하기가 어려워서 대부분 포기한다는 사실을 언급하면서 스스로 뇌에 이미지화하고 있다. 그런데 답변에서도 고객이 짚은 현실의 문제를 그대로 반복하고 있다. 이는 고객의 뇌에 희미하게 그려진 이미지를 답변을 통해 더 진하게 덧칠하는 것이나 다름없다. 따라서 고객이 떠올린 이미지를 지우고, 당신이 원하는 이미지로 바꿀 기회도 놓치는 셈이다.

이에 나는 "맞습니다, 영어 말하기는 쉽지 않죠. 그래서 성공하는 사람도 많지 않고요. 하지만 외국에 나가지 않고도 영어 잘하는 사람도 많잖아요? 모두 꾸준히 연습한 경우고요. 영어 말하기는 무조건 많이 말해보는 게 최고죠."라고 말한다. 먼저 '영어 말하기가 어렵다'를 '영어 말하기가 쉽지 않다'로, '대부분 포기한다'를 '성공하는 사람이 많지 않다'로 바꾸어 의미상으로 고객의 주장을 지지하면서 고객의 뇌가 그전과는 다른 이미지를 그리게 하는 것이다. 이에 따라 고객은 '영어 말하기는 쉽다', '성공하는 사람이 많다'와 같은 긍정적인 이미지를 상상하게 된다. 왜냐하면 뇌는 부정하는 이미지를 그리지 못하기 때문이다. 즉, 고객은 이성적으로 영어 말하기가 쉽지 않아서 많은 사람이 성공하지 못한다고 판단하지만, 내가 선택한 표현에 따라 뇌에서는 영어 말하기는 쉽고, 많은 사람이 성공하는 이미지를 떠올려 영어 말하기는 도전해 볼만한 것으로 받아들인다. 자, '영어 말하기가 어려운 것'과 '영어 말하기가 쉽지 않은 것', '대부분이 포기하는 것'과 '성공하는 사람이 많지 않은 것'의 차이가 느껴지는가?

말의 비밀 : 너 대화법으로 풀어내는 프레임 전략

다시 한번 강조한다. 전략적 표현은 우리가 말하는 단어나 표현 하나하나에 의도를 담아 상대의 뇌가 당신이 원하는 이미지를 그리고, 당신이 바라는 방향으로 반응하도록 유도하는 강력한 도구다. 이런데도 우리가 이것을 익히지 않을 이유는 없다.

작가의 한마디
'전략적 표현'은 특정 단어나 표현을 의도적으로 사용해서 상대방의 뇌에 원하는 이미지를 심고, 그 이미지를 선명하게 그리도록 유도하는 강력한 도구입니다. 이를 통해 상대를 당신이 원하는 프레임에 두는 효과를 끌어낼 수 있지요.

# 일상 속
# 전략적 표현

　일상에서 우리가 하는 말이 얼마나 큰 영향을 미치는지 생각해 본 적 있는가? 아이들에게 하는 말 한마디, 고객과 나누는 대화 한 줄, 심지어 자기 자신과의 독백까지 모든 말이 우리 뇌에 이미지를 그리고, 무의식 속에 자리 잡는다. 그래서 전략적으로 표현하는 능력은 삶의 질을 높이는 중요한 기술이 된다.

　예를 들어, 아이들이 싸우는 모습을 보면 엄마들은 보통 "싸우지 마!"라고 한다. 이 말을 들은 아이들은 무의식적으로 싸우는 장면을 떠올린다. 다시 말해, 이성적으로는 싸우지 말아야겠다고 생각하지만, 뇌는 계속 싸우는 이미지를 그린다. 반면, "사이좋게 지내."라고 말하면 뇌는 화목한 이미지를 형성하고, 그에 맞춰 행동하려는 경향이 강해진다. 이로써 당장 큰 효과가 나타나지 않더라도 꾸준히 부정적인 표현을 들은 아이와 긍정적인 표현을 들은 아이는 시간이 지날수록 확연히 다른 모습을 보인다.

다른 상황에서도 마찬가지다. 중요한 오디션을 앞두고 긴장하고 있는 아이에게 "긴장하지 마." 혹은 "그만 좀 떨어."라고 하면 오히려 그 상태를 유지하게 된다. 왜냐하면 그 말을 듣는 순간 뇌에서 긴장하고, 떨고 있는 이미지를 떠올리게 되기 때문이다. 그러므로 "숨을 천천히 크게 들여 마시고 내쉬어 볼까? 그렇게 몇 차례 더 하면 점점 더 편안해질 거야."와 같은 표현이 아이를 진정시킬 수 있다. 이것이 전략적 표현이다.

금연을 하려는 사람도 마찬가지다. "담배 피우면 안 돼."라고 계속 되뇌면, 뇌는 담배를 피우는 장면을 상상하게 되어 유혹에 더 쉽게 흔들린다. 그러니 이럴 때는 "나는 금연 중이야."라고 외쳐야 한다. 이렇게 하면 사람마다 연상하는 금연 이미지는 다르겠지만, 최소한 "담배 피우면 안 돼."라고 할 때보다 담배를 피우는 이미지가 생기지 않으니 효과적이다. 여기에 더해 흡연 욕구가 생길 때마다 "은단 먹고 싶다."라고 의도적으로 말하면서 실제로 은단을 먹는다면, 흡연 욕구와 은단이 강력하게 연결되어서 금연 프로젝트를 성공할 가능성이 커진다.

이런 현상이 나타나는 이유는 우리 뇌가 부정의 이미지를 그리지 못해서다. 이와 관련해 며칠 전 직접 경험한 일이 있다. 아침에 샤워 후, 스킨과 로션을 바르면서 '거의 다 썼는데 왜 아직 배송이 안 되지?'라고 생각하며 배송 확인을 위해 구매했던 사이트에 들어갔다. 그런데 이게 웬일인가. 분명히 곧 도착하겠거니 하고 철석같이 믿고 있었는데, 주문조차 되어 있지 않았다. 기억을 더듬어보니 결제를 하려는 순간에 전화가 걸려 왔고, 통화를 하느라 주문을 하지 않았다. 그런데도 뇌는 주문을 하려 했던 이미지를 명확히 기억해서 주문을 완료했다고 착각한 것이다. 비슷하게 누군가에게 전화를 걸려고 하다가 걸지 않았거나 돈을 입금하려고 하다가 못 했더라도 뇌는 전화를 걸고, 입금한 이미지를 그려서 제3자와 오해를 만들기도 한다. 그만큼 뇌는 듣고 생각하는 대로 이미지를 떠올리는 힘이 세다.

이러한 관점에서 전략적 표현은 최면술사가 최면을 유도할 때 쓰는 말과 맥락을 같이한다. 한마디로 상대의 뇌에 그려내고 싶은 말을 하는 것과 같다. 그래서 나의 경우, 고객과 통화할 때 일명 '잠입명령어'라고도 하는 전략적 표현을 자주 사용한다. 여기서 잠입명령어란, 말 그대로 대화 중에 상대가 알아차리지 못하게 명령어를 잠입하는 기술이다.

예를 들자면, 고객이 레벨 테스트를 마친 후, 결제를 진행해 수강하기를 바라는 마음으로 상담 중에 다음과 같이 '결제하라'는 말을 잠입시켜서 고객의 뇌가 레벨 테스트 후에 결제하고, 등록하는 것을 자연스럽게 받아들이게 한다. "레벨 테스트를 한다고 해서 꼭 결제나 등록을 하라는 게 아닙니다. 당연히 모든 결정은 고객님이 선택하시는 거고, 다만 저는 고객님이 등록할 수 있도록 최선을 다해서 적합한 선생님을 배정하려고 합니다." 분명 결제와 등록은 고객이 자유롭게 선택하는 부분이라고 말하고 있지만, 자연스럽게 '결제해라', '등록해라', '고객님이 등록할 수 있도록'이라는 전략적 표현을 사용했다. 이로써 고객의 뇌는 이미 결제하여 등록하는 것을 이미지화한다. 그리고 이러한 전략적 표현을 사용할 때는 의도적으로 목소리를 조금 더 키워 강조하는 느낌으로 전달하는 게 좋다. 그래야 상대가 더욱 명확하게 듣고, 이미지화하는 데 도움이 된다. 물론 모든 상황이 자연스럽게 흘러가야 한다.

하나의 사례를 더 언급해 보자면, 아파트에서 단독주택으로 이사하기로 결정하고 리모델링 업체와 계약서를 작성할 때였다. 나는 담당자에게 "계약할 때 '깎아주세요'라고 하는 사람도 있나요?"라고 물었다. 그랬더니 담당자는 "네, 있기는 하죠."라고 답하고는 무언가를 더 말하려는 듯하다가 "혹시 더 깎아서 계약하기를 바라세요?"라고 되물었다. 사실 나는 그 당시에 가격을 깎겠다는 의도 없이 정말 궁금해서 물어본 말이었는데, 그의 뇌는 깎아달라는 잠입명령어를 듣고, 즉각적으로 이미지화해서 반응했던 것이다. 나는 그 순간에 의도하지 않은 잠입명령어가 효과를 발휘한다는 것을 바로 알아차렸다. 이에 대답 대신 미소만 지었더니 "그럼, 견적을 조금 낮춰보겠습니다. 얼마 정도가 좋으실까요?"라고 하는 게 아닌가. 그렇게 우리는 최종 가격 협상을 진행해 꽤 만족스러운 계약을 했다. 그야말로 계획하지 않은 전략적 표현, 잠입명령어가 가져다 준 성과라고 할 수 있다. 참으로 놀라운 경험이었다.

나는 아이들과도 경우에 따라 전략적 대화를 나눈다. 가령, 아이가 스스로 공부하길 바랄 때, "공부해라, 공부해라 하는 소리 좋아하는 아이들은 없을걸. 만약에 공부를 시작하려고 하는데 엄마나 아빠가 공부하라고 하면 짜증도 날 거고. 그러니 아빠는 너희한테 공부해라, 공부해라 안 하는 거야. 너희도 아빠가 공부해라 소리 안 하는 게 좋겠지?"라고 한다. 그러면 아이들은 "당연하지, 그러면 짜증 나고 더 하기 싫어질 거야. 내 친구 부모님은 늘 공부하라고 한대. 그래서 걘 그 소리 듣기 싫어서 그냥 방에 들어가 버린대."와 같이 동의한다. 이 대화에서 아이들은 나를 공부하라고 채근하는 아빠로 받아들이지 않지만, 내 말을 들으면 아이들의 뇌에서는 공부하는 이미지를 그리고, 무의식에서 공부하라는 명령을 받아서 공부를 해야겠다는 마음이 생기게 된다.

이렇듯 전략적 표현은 매우 광범위하게 접근하여 활용할 수 있다. 다만, 전략적으로 긍정적인 표현을 사용할 필요가 있다. 이유인즉, 내가 하는 말을 상대는 모두 알아듣지 못하더라도 나 자신은 토씨 하나 빠트리지 않고 듣고 있어서 그렇다. 설령 마음속으로 말한다고 하더라도 모두 듣게 된다. 그리고 어떤 말이든 뇌는 듣는 대로 이미지화하여 내 삶에 강력한 영향을 미친다. 따라서 즐겁고 행복한 인생을 살고 싶다면, 당신의 표현은 반드시 긍정적이어야 한다. 하지만 많은 사람이 희망적인 삶을 원한다고 하면서도 자주 부정적인 표현을 선택하는 게 현실이다. 그럼, 어떻게 하면 좋을까?

아이를 키우면서 기쁘고 감동적이었던 순간으로 돌아가 보자. 기어다니던 아이가 어느 날 첫발을 떼는 모습을 보여준다면, 대부분의 부모는 첫발이 두세 걸음으로 늘어나길 기다려주고, 그 순간을 동영상으로 담기 위해 스마트폰을 들고 지내기도 한다. 그리고 그렇게 학수고대한 장면을 마주했을 때 이런 말을 한다. "와! 걸었어.", "벽에서 손 떼고 걸었다니까.", "보다가 깜짝 놀랐다니까. 세 걸음이나 걸었어." 등과 같이 전부 아이가 걸었다는 사실에 대한 감격과 앞으로 더 잘 걷게 되리라는 믿음과 기대로 가득 찬 표현을 한다. 결코 한 걸음 걷고 넘어지고, 두세 걸음 걷고 실패하는 아이의 모습을 말하지 않는다. 그러나 만일 반대의 관점으로 봤다면 어땠을까? "봤어? 고작 한 걸음 걷고 넘어진 거?", "벽에서 손 떼자마자 균형을 못 잡더라고.", "도대체 이걸 걸었다고 해도 되는 거야?"와 같이 말했을 테다. 당연히 이렇게 말하는 부모는 없겠지만, 동일한 상황에서도 바라보는 시각에 따라서 다르게 표현할 수 있다.

다시 강조하지만, 어떻게 말할 것인가를 결정하는 사람은 바로 당신이다. 당신이 선택하는 말이 뇌에 행복과 희망을 그릴 수도 있고, 불행과 좌절 그리고 실패를 그릴 수도 있다는 점을 가슴에 새겨두자. 우리가 하는 모든 말은 무의식 속에 차곡차곡 쌓여서 우리 인생을 결정한다. 이런 관점에서 우리는 최소한 "잊지 마세요."를 "기억해 주세요."로, "내일부터는 늦잠 자지 않을 거야."를 "내일부터는 일찍 일어날 거야."와 같이 이루고 싶은 이미지를 전략적으로 말하는 능력을 갖춰야 한다. 이 훈련이 익숙해지면, 시도했던 일에 실패하더라도 자책하고 괴로워하기보다는 그 과정에서 배운 점에 대해 감사하고, 다음 단계를 계획할 여유도 가질 수 있다. 더 나아가 이렇게 긍정적으로 삶을 대하는 당신의 자세는 누구에게나 긍정의 에너지를 전달하고, 당신을 신뢰하게 만든다.

말이 바뀌면 인생이 바뀐다고 하는 이유도 같은 맥락이다. 소리 내어 말하든, 마음속으로 이야기하든, 모든 표현을 본인이 계속 듣게 되고, 그것은 뇌에 영향을 미칠 뿐만 아니라 상대가 바라보는 인식도 새롭게 할 수 있는 덕분이다.

이쯤이면 프레임과 너 대화, 전략적 표현에 대한 개념이 어느 정도 잡혔으리라 본다. 앞서 얘기한 대로 이 세 요소는 따로 존재하지 않고, 늘 서로를 도와서 창의적인 말을 만든다. 그리고 이 세 요소를 조화롭게 사용하게 되면, 당신은 어떤 상황에서든 평정심을 유지하며 원하는 결과를 얻을 수 있다. 이에 당신의 이해를 돕기 위해 프레임, 너 대화, 전략적 표현을 활용한 창의적인 대화의 예시를 들어본다.

고객이 제품을 구매하기 위해 당신의 매장에 방문했다고 해보자. 가격을 확인한 고객이 "비싸요."라고 한다면 당신은 어떻게 반응할 것인가? 대개는 그 말을 공격 혹은 구매하지 않겠다는 신호로 받아들여 "그렇게 비싼 건 아니에요." 혹은 "네, 비싸긴 한데요. 그만큼의 값어치를 합니다."와 같이 방어하느라 바쁘다. 결국에는 '비싸면 안 사면 될 거 아니야.'라고 생각하며 그 고객을 진상으로 치부하거나 "어느 정도 깎아드리면 구매하시겠습니까?"라며 고객이 던진 프레임으로 들어가서 가격 흥정을 하게 된다. 그렇다면 어떻게 대응하는 게 좋을까? 이 경우, 설령 할인을 해준다고 하더라도 가격이 비싸서가 아니라 해당 제품이 얼마나 좋은지 경험시켜 주고 싶어서 특별히 깎아준다는 의미로 접근해야 한다. 그래야 고객이 당신의 배려에 고마운 마음을 가진다. 그렇지 않고 무작정 할인을 해주면, 상대는 더 저렴하게 구매하지 못했음에 아쉬워한다.

자, 이제 조금 더 현명하게 대처할 방법을 알아보자. 우선 전략적 표현을 사용해 '비싼 것'을 '싸지 않은 것'으로 프레임 할 수 있다. 비싼 것은 고객이 구매하기가 망설여지지만, 싸지 않은 것은 그보다는 구매의 벽이 낮게 느껴지는 덕분이다. 직접적으로 짚어보자면, 비싸다는 고객의 말에 동의하며 "맞습니다, 싸지 않습니다."라고 하며 프레임 파트에서 학습했던 '수긍-완화-설득'을 이렇게 적용하는 것이다. "맞습니다, 싸지 않습니다(수긍). 많은 분이 제품은 너무 만족스러운데, 싸지 않은 거 같아서 구매를 망설이시죠(완화). 그런데 사용해 보신 분들의 의견은 완전 달라요. 오히려 제품의 성능에 비하면 싸다고 말씀하시거든요. 지인들에게 자신 있게 소개도 하시고요. 아마 고객님도 사용해 보시면 지인들에게 소개하고 싶을 정도로 마음에 드실 거예요. 게다가 저희 회사는 광고비에 많이 투자하지 않고, 고객들의 입소문으로 성장하고 있어서 이 금액에 만날 수 있는 거죠. 만일 광고를 많이 한다면 이 가격은 상상도 할 수 없죠(설득)." 이 설명을 들은 고객의 심리는 어떨까? 비싼 제품을 가격 대비 성능 좋은 제품으로 인지하게 되고, 처음보다 구매 욕구가 더 올라갈 게 분명하다.

**말이 비밀** : 너 대화법으로 풀어내는 프레임 전략

물론 위의 내용에서 사용한 전략적 표현이 '비싸다'를 '싸지 않다'로 바꾼 것만 있는 건 아니다. '제품은 너무 만족해하는데', '싸다고 말씀하세요', '소개하고 싶을 정도로 마음에 드실 거예요' 등 모두가 해당된다. 이렇게 전략적 표현을 사용하는 동안 고객의 뇌는 당신의 말에 노출되어 당신이 말한 대로 이미지화시키고, 그것을 무의식에서 그대로 받아들여 구매할 가능성이 커지게 된다.

여러 차례 언급했듯, 전략적 표현은 상대의 뇌에 그려내고 싶은 이미지를 말하는 기술이다. 이는 일종의 세뇌와 비슷하다. 같은 근거로 '열 번 찍어 안 넘어가는 나무는 없다.'는 속담처럼 전략적 표현을 반복적으로 사용하면, 상대의 뇌에 그 이미지가 차곡차곡 쌓이고 뚜렷해져서 현실에서 그대로 실행하려는 경향이 커진다. 더불어 전략적 표현을 사용할 때 상대를 놓치지 않고 끊임없이 바라볼 수 있다면, 너 대화를 자연스럽게 할 수 있게 되고, 또 다른 프레임으로 접근할 수도 있다. "맞아요, 싸지 않습니다(전략). 고객님께서는 정말 후회 없는 구매를 하고 싶으신 것 같아요(의도)." 혹은 "고객님께서는 이 제품이 마음에 들기는 하는데 혹시라도 비싸게 사게 되는 건 아닌지 걱정되는 거죠(감정)?"처럼 말이다. 그럼 고객 대부분은 "네."라고 답변하며 당신 말에 동의한다. 이 반응은 곧 고객의 무의식이 당신에게 열리기 시작했고, 당신의 말을 더 귀담아서 듣게 된다는 뜻이다. 또 전략적 표현을 제대로 이해했다면 '마음에 들기는 하는데'도 전략적 표현임을 알아차렸을 테다. 즉, 전략적 표현은 모든 대화에서 어느 순간이든 사용할 수 있고, 사용하는 작은 단어 하나도 대화에 영향을 미칠 수 있다는 얘기다.

어떤가. 프레임과 너 대화에 이어 전략적 표현을 자유자재로 사용하는 능력을 키우고 싶지 않은가. 하지만 처음부터 의욕만큼 구사해 내기는 어려울 것이다. 그런 가운데서도 꾸준히 말을 가꾸어 나간다면, 자연스럽게 상대의 머릿속에 당신이 의도하는 이미지를 각인시킬 수 있을 테다. 그게 실현된다면 대화가 재미있어지고, 대화 후 성취감을 느끼는 일이 많아지리라 확신한다.

**작가의 한마디**

일상에서 사용하는 말은 우리 뇌에 강력한 영향을 미치며, 긍정적이고 전략적인 표현을 통해 원하는 이미지를 형성하고, 행동을 이끌어낼 수 있습니다. 예를 들어, "싸우지 마." 대신 "사이좋게 지내."라고 말하거나, "긴장하지 마." 대신 "편안해지세요."라고 표현하면, 긍정적인 변화와 결과를 유도할 수 있습니다. 이처럼 전략적 표현은 삶을 더 긍정적이고, 성공적인 방향으로 이끄는 중요한 도구입니다.

말의 비밀 : 너 대화법으로 풀어내는 프레임 전략

# 상대를 돕는
# 전략적 대화

나는 매일 사무실에 출근해 고객과 직접 상담하면서 고객을 돕고, 회사를 관리한다. 사실 이전에는 출근하지 않고, 직원들에게 책임과 권한을 부여해 운영했었다. 이로써 당시의 회식은 직원들과 직접 마주 보며 대화를 나누는 소중한 자리였고, 주로 직원들이 일하면서 받은 스트레스를 들으며 위로해 주는 시간으로 채워졌다. 왜냐하면 직원들은 늘 고객의 수업이 잘 진행될 수 있도록 지원하는 위치에 있어서 크고 작은 스트레스가 생길 수밖에 없었기 때문이다. 나 역시 이미 직원들의 고충을 들으려는 마음의 준비를 하고 그 자리에 참석했기에 자연스레 그런 분위기가 형성되었다.

그러던 어느 날, Y 실장이 한 고객과의 통화로 심한 스트레스를 받았다며 털어놓았다. 고객을 도와주기 위해 최선을 다했는데, 상대로부터 좋지 않은 말을 듣고 속도 상하고, 화도 났다고 했다. 회식이 있기 하루 전의 일이었지만, 그 감정이 고스란히 느껴져 불편해 하는 그녀의 마음을 빨리 풀어줘야겠다는 생각을 했다. 그래서 나는 그녀에게 어떤 일이 있었는지 자세히 알려달라며 다음과 같이 귀를 더 기울였다.

Y 실장: 수강료가 결제되지 않아서 입금 안내를 하는데 기분 나쁘게 받아들이더라고요.

나: 수강 전에 수강료를 결제하는 건 당연한 거죠. 고객에게 당연한 요청을 했는데 안 좋은 소리를 들으니 실장님 기분이 많이 상했겠네요.

Y 실장: 그러니까요. 사무실에서는 고객들의 재수강 여부를 정확히 알아야 선생님들에게 새로운 학생을 배정해야 할지 말아야 할지를 결정할 수 있거든요.

나: 그렇죠.

Y 실장: 잘못하면 선생님이 학생을 배정받지 못해서 급여를 받지 못하는 상황도 생길 수 있어서 그 내용도 말씀드렸어요.

나: 재수강 여부를 확인하는 좋은 취지를 정확하게 설명했네요. 정말 실장님이 이렇게 선생님들을 배려해 주니 선생님들이 우리 회사를 더욱 신뢰하며 일하는 거 같아요.

Y 실장: 그런데 그분은 이런 의도를 이해하지 못하고, 제 전화로 인

말의 비밀 : 너 대화법으로 풀어내는 프레임 전략

해 시간 뺏긴다고 짜증을 내더라고요.

나: ……

Y 실장: 그래서 결제를 늦게 할 수밖에 없는 특별한 상황이라면 양해해 드릴 테니 수강 여부만 알려달라고 했어요. 계속 공부하실 수 있게 도와드리겠다고요.

나: 실장님 나름대로 고객의 상황까지 배려해서 유연성 있게 잘 대처했네요.

Y 실장: 대표님도 아시지만 전에 그렇게 했다가 결국 수강료를 내지 않고, 연락도 안 받은 고객이 있었잖아요. 그래도 그렇게 배려해 드렸는데도 너무 심한 소리를 하는 거예요.

나: 아, 정말 속상했겠는데요. 실장님 입장에서는 정말 많이 배려해 드렸는데, 고객이 오히려 짜증을 냈으니까요.

Y 실장: 어제 그 통화 끝나고 온종일 일이 손에 안 잡히더라고요.

나: 나 같아도 무척 화났을 것 같아요. 실장님은 평소에도 힘들고 까다로운 고객과의 통화도 잘 해결하고, 오히려 고객에게 고맙다는 소리를 듣는 사람이니까 더 그랬을 것 같아요.

Y 실장: 맞아요. 그런데 어제는 도와주면서도 그런 소리를 들으니

까 못 견디겠더라고요.

나: 그 고객이 정말 실장님 마음을 불편하게 했네요.

Y 실장: 네. 그래서 그 고객이 정말 밉게 느껴지고, 다시는 그분과 통화하고 싶지 않아요.

나: 그런데 실장님, 내가 실장님과 대화 나누면서 느끼기에는 그 고객 때문에 마음이 불편해진 것도 있지만, 늘 다른 고객에게는 고맙다는 얘기를 들었는데, 평상시처럼 통화를 마무리 짓지 못해서 아쉬워하는 마음도 있는 것 같은데요?

Y 실장: 그건 그렇죠. 도와드리면서 느끼는 보람도 꽤 크고, 대부분 통화가 잘 끝나는데, 어제는 그렇게 하지 못했으니까요.

나: 실장님, 정말 대단해요. 실장님의 불편한 마음은 그 고객 때문이기도 하지만, 만족스러운 상담을 하지 못한 자신에 대한 아쉬움 때문이기도 한 거네요. 다시 생각해 보니 그 고객과 상담을 잘 끝내고 싶었던 마음이 컸던 거네요.

Y 실장: 맞아요, 대표님. 잘 도와드리고 잘 마무리하고 싶었죠. 그게 제 역할이기도 하고요. 그런데 그게 안 돼서 속상했었던 것 같아요.

나: 실장님은 무척이나 잘해오고 있어요. 그러면서 더 잘하려는 걸 보면 멋지기는 한데, 너무 완벽해지려는 거 같단 말이야.

**말의 비밀** : 너 대화법으로 풀어내는 프레임 전략

Y 실장: 다음에는 고객이 이해하기 쉽게 우리 정책을 설명해야겠어요. 어제 그분 외에도 우리 정책이 이해되지 않거나 마음에 들지 않는 고객이 있을 듯해요. 그런 분들에게는 우리 정책에 어떤 의도가 있는지 고객의 입장을 헤아려 설명해야겠어요.

대화가 끝난 뒤 Y 실장은 자신의 기분을 상하게 했던 고객에 대한 불편한 감정을 지우기 시작했고, 여태껏 잘해왔고 앞으로도 그렇게 하고 싶은 자신의 마음을 발견하고는 얼굴에 미소를 띠었다. 그런데 우리가 나눈 대화를 살펴보면 고객이 사과하지도, 상황이 바뀌지도 않았지만, 놀랍게도 Y 실장은 고객 때문에 생긴 부정적인 감정에서 빠져나왔고, 오히려 자신의 열정과 기대를 발견하고 매우 행복해했다. 이런 결과가 가능했던 이유는 무엇일까? 바로 내가 대화 중에 Y 실장을 한순간도 놓치지 않고 바라봤고, 너대화와 전략적 표현을 적절히 사용하여 불편한 상태에 있는 Y 실장의 프레임을 전환한 덕분이다. 그로써 내면에 숨어있던 더 성장하고, 잘하고 싶은 기대를 발견할 수 있게 한 것이다. 여기서 나는 Y 실장이 겪은 불쾌한 상황을 없었던 일로 되돌려 놓을 수는 없었지만, 사건을 다른 각도에서 바라볼 수 있도록 대화를 이끌었다. 그 결과, 그 일은 Y 실장에게 더는 문제가 되지 않았고, 마음의 평온도 찾았다. 이처럼 말의 힘은 대단히 놀랍다.

이를 통해 전략적 표현이 어떤 단어를 선택할 것인가 정도로 이해하는 것을 넘어서 어떻게 말할 것인지를 선택하는 데까지 의미를 확장할 필요를 느꼈을 테다. 이와 관련된 예로, 나는 가끔 강의를 마칠 즈음에 참가자들에게 세미나 중 가장 좋았던 점과 꼭 사용해 보고 싶은 스킬이 무엇인지 물어본다. 그러면 대부분 강의가 매우 훌륭했고, 꼭 시도해 보고 싶은 유용한 스킬들을 배울 수 있어서 무척 감사하다는 표현을 한다. 그런데 사실 나는 이러한 답변이 나오리라 예상하고 질문을 한다. 의도적으로 아쉽고 부족했던 점을 묻지 않는다는 뜻이다. 다시 말해, 앞서 다뤘던 질문을 할 때 에너지를 보낼 방향을 미리 선택하는 스킬을 사용하는 것인데, 이 역시 전략적 표현인 셈이다.

그래서 나는 레벨 테스트를 끝낸 고객들과 후속 상담을 할 때도 "레벨 테스트 어땠어요?"라고 묻지 않는다. 이 질문은 레벨 테스트 전반에 대한 이미지를 떠올리게 함으로써 긍정과 부정을 모두 불러올 가능성이 있기 때문이다. 대신 나는 긍정적인 기억만 떠올릴 수 있도록 "레벨 테스트는 즐겁게 하셨죠?"라고 한다. 그러면 만족스럽지 않은 점이 있더라도 전반적으로 즐거웠다면 고객은 "네."라고 답변한다.

질문을 다루는 여러 책에서는 자유롭게 생각을 얘기하게 하는 열린 질문이 "네." 혹은 "아니요."로 답해야 하는 닫힌 질문보다 훌륭하다고 가르친다. 그러나 이는 질문하는 사람의 의도와 상황에 따라서 다르게 접근되어야 한다. 질문에 전략이 있어야 하는 이유다.

지금까지 살펴봤듯 전략적 표현은 당신이 하는 모든 말에 사용할 수 있고, 인지하고 깨달은 만큼 적용할 수 있는 스킬이라서 끊임없이 노력해야 한다. 한마디로 훈련이 뒷받침되어야 전략적 표현으로 프레임을 바꿀 수도 있고, 설정한 프레임을 더욱 강하게 만들 수도 있다. 또 전략적 표현을 자유자재로 활용하며 상대를 놓치지 않고 바라볼 수 있다면, 너 대화 역시 익숙하게 할 수 있게 된다.

너 대화를 할 수 있다는 건 상대에게 긍정적인 감정을 전달하여 호감을 얻을 수 있고, 상대가 사용하는 전략적 표현이나 프레임도 읽을 수 있다는 말이다. 언뜻 이해하기에는 그렇게 되려면 대단한 능력을 갖춰야 할 듯하지만, 실제로 당신이 만나는 대부분은 전략적 표현이나 프레임이라는 개념이 없고, 살아오면서 습득된 습관대로 말하는 것이라서 그들의 프레임을 당신이 원하는 방향으로 전환하는 것은 생각보다 쉽다. 그러니 프레임, 너 대화, 전략적 표현을 익혀서 당신이 사용하는 말의 수준을 올리기를 바란다.

**작가의 한마디**
질문과 대화에는 전략이 필요하며, 전략적 표현을 통해 프레임을 전환하고, 당신이 원하는 대로 상대의 반응을 끌어낼 수 있습니다.

# 대화 중
## 감정 다스리는 법

이 책의 주요 키워드인 프레임, 너 대화, 전략적 표현에 대한 설명을 마쳤다. 그러나 특별히 하나 덧붙이고 싶은 부분이 있다. 바로 '감정'이다. 왜냐하면 말과 감정은 떼어놓을 수 없을 만큼 밀접한 관계가 있어서다.

누구나 대화를 하면서 감정에 휘둘린 경험을 해봤을 테다. 그때를 떠올려보면 어떤가? 이성적이지 않아서 하고 싶은 말도 제대로 전달하지 못한다. 게다가 프레임 설정은커녕 너 대화, 전략적 표현을 적용할 여유도 없다. 설령 사용한다고 하더라도 옳은 선택을 하지 못할 가능성이 크다. 감정적인 상태가 되면 이성적 사고가 흐려지는 동시에 상대를 보는 눈과 마음을 상실하기 때문이다. 상대가 앞에 있으니 바라보고는 있지만, 온통 출렁이는 자신의 감정에만 몰두하게 되고, 말도 감정에 영향을 받은 표현을 하게 된다.

이러한 지나친 감정적인 말에는 명확한 메시지가 없을 뿐만 아니라 예측 가능한 말만 되풀이하는 경향이 있어서 감정이 격양된 사람과 대화를 한 후에는 내용보다는 그 사람의 감정만 남는다. 또 감정이 묻어나는 말은 영향력이 강력해서 때로는 상처가 되기도 한다.

그렇다고 감정을 억누르라는 얘기가 아니다. 억누른다고 사라질 감정이라면 애초에 생기지도 않는다고 받아들이는 게 옳다. 감정은 누르면 누를수록 응집되어 한쪽에 숨어 있다가 언젠가는 폭발하는 대상이기 때문이다. 특히 감정을 억누르기 위해서는 많은 에너지가 소모되어 상대를 볼 힘도 생기지 않는다.

한편, 간혹 감정을 억누르며 평정심을 유지한다고 착각하는 사람도 있다. 하지만 감정을 억누르는 것과 평정심을 유지하는 것은 엄연히 다르므로 명확하게 구분해야 한다. 전자는 기본적으로 자기감정에 대한 존중이 없다. 이에 따라 감정을 인정하지 않고, 마주하기를 회피한다. 대개는 감정적인 자신을 달갑지 않게 여겨서 이런 태도를 보인다. 감정이란 어느 순간 찾아왔다가 떠나가는 존재일 뿐인데, 그 자체를 인정하지 않으니 힘들 수밖에 없다. 반면 후자는 자기감정을 존중하는 데서 시작한다. 그리고 감정에 동요하지 않고, 감정이 찾아왔을 때 그 감정을 인정하며, 잠시 머무를 수 있게 자리를 내어준다. 한마디로 나는 주인, 감정은 손님으로 분리하는 것이다.

그렇다면 어떻게 평정심을 유지할 수 있을까? 방법은 매우 다양하다. 누군가는 차를 마시기도 하고, 누군가는 운동 또는 청소를 한다. 책을 읽거나 영화를 보는 사람도 있다. 모두 다른 일에 집중해 감정이 치솟는 순간을 피하고, 마음을 가라앉히기 위한 수단이다.

문제는 대화 중에 감정의 동요가 일어날 때다. 부정의 감정이 생긴다고 해서 대화를 중단하고, 운동을 하거나 영화를 볼 수는 없는 노릇이니 말이다. 의도적으로 그 상황을 피할 수 있으면 좋겠지만, 늘 그렇게 할 수 없는 게 현실이다.

그러나 너 대화에 익숙해져 있다면 그 순간을 벗어나지 않아도 상대에게 집중하여 평정심을 유지할 수 있다. 물론 내 감정에도 변화가 생긴다. 화나고, 속상하고, 억울하지만, 그 감정을 인정하고, '그럴 수 있다.'라고 수긍하면서 곧 떠날 대상으로 인지하는 덕분에 감정에 휘둘리지 않고 상대를 볼 수 있다.

기억해 두자. 상대에 집중하는 능력을 갖추게 되면, 내 감정은 작은 물결처럼 잔잔해져서 평정심을 유지할 수 있게 된다.

**작가의 한마디**
감정에 휘둘리면 이성을 잃고, 제대로 소통하기 어렵습니다. 하지만 너 대화와 상대에 집중하는 능력을 키우면, 감정이 일어나는 순간에도 감정에 휘둘리지 않고, 상대를 여전히 바라보며 차분하게 대처할 수 있습니다.

말의 비밀 : 너 대화법으로 풀어내는 프레임 전략

## 평정심 유지하며
## 너 대화하기

　한참 너 대화에 심취해 그 개념을 정립하고 《말의 비밀》이라는 책을 세상에 내놓았던 당시, 나는 KBS 저녁 일일드라마에 출연하고 있었다. 드라마 방영이 시작된 지 얼마 지나지 않아 전체 팀 회식이 있던 날의 에피소드를 통해 평정심을 유지하며 대화했던 경험을 얘기해 볼까 한다.

　나는 회식 자리에 《말의 비밀》 한 권을 들고 갔다. 해당 드라마 대본을 쓴 작가에게 전할 선물용이었다. 그 작가의 작품은 과거에도 출연을 했었지만, 정식으로 인사할 기회가 없었기에 작정하고 준비해 간 것이다. 서로 대화를 나누며 북적북적한 분위기 속에서 책을 전달할 틈을 노리던 중에 마침 옆자리가 빈 걸 확인하고, 즉시 그녀의 곁으로 갔다. 이내 나와 작가의 눈이 마주쳤고, 나는 계획대로 "선생님, 이번에 선생님 작품에 출연하게 되어 정말 기쁩니다. 열심히 하겠습니다. 이건 제가 이번에 쓴 책인데요. 선생님께서

봐주시는 것만으로도 제게는 큰 영광이 될 것 같습니다."라며 책을 건넸다.

계획했던 목표를 달성해서 안도하고 있는데, 작가는 내가 준 책을 잠시 보더니 "재연 씨, 요즘 잘나간다면서요? 얘기 들었어요. 강의도 많이 하고, 사업도 잘된다고요."라고 했다. 이때까지만 해도 나는 칭찬과 덕담으로 생각해서 활짝 웃으면서 "네, 선생님."이라고 답했다. 하지만 그 뒤에 이어진 말이 충격이었다. "재연 씨, 그럼 그거 해요. 방송은 잘 안 맞잖아. 잘하는 거에 더 매진해요."라고 한 것이다.

이 소리를 듣고 감정이 요동치지 않을 연기자는 없을 것이다. 작가가 연기를 못하니 출연을 하지 말라고 하는데 어떻게 침착할 수 있겠는가? 이성과 감성이 혼재할 수밖에 없고, 사람에 따라서 감정이 이성을 누르기도 하고, 이성이 감정을 억제하기도 한다. 무시당해서 화도 나고, 한편으로는 일자리를 잃을까 봐 두렵기도 하다. 그만큼 작품에서 작가라는 존재는 연기자의 생사 권한을 쥐고 있다고 할 만큼 힘을 가진 대상이기 때문이다. 말 그대로 작가의 펜이 나를 드라마 속 사무실에 앉혀놓으면 출연료를 받을 수 있지만, 내 역할을 대본에서 빼버리면 그만이다. 이는 곧 출연료를 받을 수 없다는 뜻과 같다. 그래서 드라마 출연에 횟수가 보장되어 있지 않은 배우들은 대본이 나오면 제일 먼저 자기 배역이 대본에 있는지부터 확인하곤 한다.

내가 연기자 활동을 하면서 그간 겪은 경험에 의하면 이런 경우에 소수의 배우는 매우 화가 나서 차후에 후회를 할지언정 드라마 출연을 포기할 각오로 싸웠고, 대부분은 납작 엎드려서 출연의 기회를 계속 달라고 간절히 요청했다. 모두 자기 자신에 집중한 선택이었다. 하지만 나는 나 자신을 보지 않아서 화가 나거나 비참해지지도 않았다. 그저 평정심을 유지한 채 그녀를 보

**말의 비밀** : 너 대화법으로 풀어내는 프레임 전략

는 것을 놓치지 않고 "선생님의 말씀을 들어보니 정말 화나고, 속상하셨던 것 같아요. 선생님께서 혼신을 다해서 쓰신 작품인데, 제 연기가 부족해서 그 인물을 잘 살리지 못하니 무척 답답하셨겠네요."라며 감정 너 대화를 할 수 있었다. 그랬더니 작가는 아무 말 없이 나를 물끄러미 쳐다보았다.

작가 입장에서는 비슷한 상황에서 다른 연기자에게 들었던 답변과 달라서 갑자기 할 말을 잃었을 수도 있고, 미처 정리해 보지 않았던 자기감정을 상대의 입을 통해서 듣고 사실이라 하더라도 쉽게 동의하기 힘들었을 수도 있다. 어쩌면 그녀는 내심 내가 고개를 숙이고 사과하는 다음 단계를 기다리고 있었을 수도 있다. 무엇이 되었든 분명한 건 작가가 나를 비판하면서 설정한 프레임이 이렇게 조금씩 깨지고 있었다는 점이다.

이에 나는 잠시 침묵을 유지하며 그녀를 바라보다가 의도 너 대화를 시작했다. "선생님, 말씀은 안 하셨지만 정말 바라는 건 제가 연기를 잘해서 선생님께서 공들여 쓴 작품이 빛나는 거지요?"라고 말이다. 그러자 작가의 표정이 서서히 바뀌더니 내 말에 동의하는 눈빛을 보내며 입을 열었다. "그래요, 재연 씨. 재연 씨가 연기 잘해서 작품이 빛나는 게 좋지요." 그 순간 우리는 각자 역할은 달라도 작품을 빛내야 한다는 같은 목표를 공유하는 파트너가 되었다. 이전의 프레임이 완전히 깨지고, 우리는 한 팀이라는 새로운 프레임으로 옮겨가고 있었다.

그녀는 계속 말을 이어 갔다. "재연 씨, 카메라 앞에서 천천히 얘기해요. 좀 천천히. 선배들은 이것저것 여유 있게 자기 하고 싶은 거 다 하는데 왜 이리 급해? 앞으로는 천천히 대사하도록 해요. 알았죠?" 조금 전까지만 해도 배우를 그만두라고 했던 작가가 어느새 내 편이 되어 연기에 대한 조언을 하고 있었다. 그뿐만 아니라 그녀의 표정은 조금 전과는 달리 매우 밝아졌고, 내 마음도 평안했다. 이렇게 내 감정에 휘둘리지 않고, 너 대화로 프레임을 바꾸어 그녀와 동등하게 대화한 덕분인지 그날 이후로 내 배역에 대사가 더 많아지기도 했다.

　평정심을 유지할 수 있어서 상대를 지켜보고 너 대화를 할 수 있는 것인지, 상대를 지켜볼 수 있어서 평정심이 유지되는 것인지는 마치 닭과 달걀의 순서처럼 명확하게 단정하기는 어렵다. 그러나 확실한 것은 상대를 볼 수 있어야 너 대화를 할 수 있고, 그 순간은 평정심의 상태여야 한다는 점이다.

　의견 대립으로 심하게 다툴 때, 상대가 감정을 주체하지 못해서 격하게 화를 내고, 부들부들 떨고 있다면 당신은 어떤가? 나는 이런 순간이 오면 오히려 편안해진다. 그 이유는 상대를 놓치지 않고 지켜볼 수 있으면 이미 게임은 끝난 것이나 마찬가지라서 그렇다. 서로 감정이 격해져서 같이 화를 내면 화를 더 심하게 내는 사람이 이기겠지만, 평정심으로 상대의 감정 변화를 계속 지켜볼 여유만 있어도 얘기는 달라진다. 그러니 상대가 에너지를 소비하는 동안 평정심을 유지하며, 에너지를 축적해서, 너 대화를 할 수 있는 역량을 키워보자. 나를 지키는 동시에 상대를 위로할 수도 있고, 상대의 본심을 알아차리게 도울 수도 있고, 상대와 더 좋은 관계로 발전하게 해주는 역할까지 하는데 배우지 않을 이유가 없지 않은가.

말의 비밀 : 너 대화법으로 풀어내는 프레임 전략

**작가의 한마디**
감정에 휘둘리지 않고, 평정심을 유지하며 대화하는 것은 상대방과의 관계를 더욱 긍정적으로 이끌 수 있는 강력한 도구입니다. 상대의 감정을 존중하고, 너 대화를 통해 프레임을 전환하면, 갈등을 해결하여 더 나은 관계로 발전할 수 있습니다.

# 나를 돕는 자기 대화

평정심 유지는 상대와의 교류에서뿐만 아니라 자기 자신과의 대화에서도 매우 중요하다. 당신이 너 대화에 익숙하다면, 자기 자신에게도 너 대화를 할 수 있어야 한다. 이런 '셀프 너 대화'는 중요한 결정을 해야 할 때나 어떤 감정에 휩싸여 있을 때 등 이성의 힘이 필요한 경우에 올바른 판단을 하게 하고, 심리적 안정을 유지하는 데 도움이 된다.

셀프 너 대화라고 해서 상대를 보는 것처럼 자기 자신도 놓치지 않고 보라는 의미이지, 꼭 자기 자신에게 너 대화처럼 형식을 갖춰서 말하라는 뜻은 아니다. 지금까지 나를 보기보다 상대를 놓치지 않고 지켜보는 게 중요하다고 강조했는데, 자기 자신도 놓치지 않고 봐야 한다고 하니 조금 의아할 수도 있다. 하지만 여기서 자기 자신을 바라보라는 건 자기감정 또는 생각에 빠져드는 자기중심적 사고와는 전혀 다르다. 한마디로 감정이 변하고, 다양한 생각을 하는 '나'와 그런 나를 지켜보는 '또 다른 나'가 있다고 생각하면 좋다.

또 다른 나는 내가 상대를 지켜보는 것처럼 내 곁에서 혹은 내 안에서 나를 끊임없이 지켜보는 존재다. 항상 평정심의 상태에서 나를 바라보고 있고, 나에 대한 믿음이 가장 큰 대상이다. 동시에 또 다른 나는 나에게 찾아오는 모든 감정을 존중하고, 그 감정이 잠시 머물다 떠날 것도 잘 알고 있어서, 당신이 어떤 상황에서든 평정심을 유지할 수 있도록 돕는다. 셀프 너 대화 즉, '자기 대화'란 지금 설명한 또 다른 나와 대화하는 작업이다.

사람에 따라서 또 다른 나의 존재가 쉽게 다가오기도 하고, 도무지 이해하기 어려운 사람도 있을 수 있다. 만약 어렵게 느껴진다면, 내 안에 또 다른 내가 있다고 이해하고, 그와 대화를 한다고 생각해 보자. 이마저도 어려우면, 나 자신이 역할을 바꿔서 묻고 답해보는 것도 좋다.

이토록 이해하기 어려운 또 다른 나에 대해 언급하는 이유가 있다. 나를 객관적으로 바라보게 하는 장점이 있어서다. 상상해 보자. 내 주변에 CCTV처럼 늘 나 자신을 지켜보는 다른 인물이 있다고 말이다. 그리고 언제나 나를 관찰하고 있어서 내가 필요할 때마다 너 대화로 말을 건네준다면? 앞서 다루었던 의도 너 대화에서처럼 프레임을 바꿔 내 의도를 알아차리게 해주고, 여러 선택지 중에 가장 적합한 해답을 고르게 하는 안목을 키워주거나, 전혀 생각지 못했던 새로운 대안을 떠오르게 도움을 줄 것이다.

간혹 이 같은 자기 대화를 하기 위해 등산을 하는 사람도 있다. 그 순간만큼은 자기 자신에게 오롯이 집중할 수 있어서다. 그러나 내가 추천하는

PART 5. 전략적 표현으로 가능성을 높여라

방식을 익힌다면 높은 산을 오르지 않아도, 긴 시간을 투자할 필요도 없다. 다만, 앞서 나누었던 평정심을 갖추고 있어야 한다. 그래야 이성적 사고를 할 수 있어서다.

어떤 특정한 감정에 휩싸여 있을 때는 자기 대화도 쉽지 않다. 왜냐하면 감정이 당신을 통째로 집어삼켜서 감정에 허우적거리게 하고, 이성적인 사고를 못하게 만들기 때문이다. 당신이 겪었던 화나고, 슬프고, 무섭고, 당황하고, 창피하고, 불안했던 순간을 기억해 봐라. 분명 너무 화나서 아무것도 안 보이고, 너무 슬퍼서 하염없이 눈물만 흐르고, 너무 무서워서 벌벌 떨기만 하고, 너무 당황해서 어떤 소리도 들을 수 없고, 너무 창피해서 어찌할 바를 모르고, 너무 불안해서 아무것도 할 수 없었을 테다. 모두 이성을 잃어서 자기 대화가 불가능한 때다.

반면, 그렇다 하더라도 그 감정들을 존중하고, 이성적인 자기 대화를 할 수 있다면, 당신은 결코 그 감정들에 휘둘리지 않고, 평정심에 가까워질 수 있다. 그 순간에 또 다른 나를 인지할 수 있다면, 당신에게 강하게 영향을 미치는 감정들을 존중하고, 그 감정이 당신을 해하거나 흥분하지 않도록 대화를 시도해서 평정심에 머물 수 있도록 도울 것이다.

내게도 그런 경험이 있다. 나는 공황장애를 겪으면서도 그것이 공황장애인지도 모르고 지내던 시절이 있었다. 갑자기 찾아오는 두려움과 공포에 맞서 그것을 이겨낸다는 건 여간 어려운 일이 아니었다. 어떤 날은 비교적 가볍게 넘기고 일상으로 쉽게 돌아가지만, 가끔은 그 충격과 공포가 크고 여진이 심해서 일상으로의 복귀가 어렵기도 했다. 이때 느꼈던 불안과 두려움을 무작정 이겨보겠다고 발버둥 치며 순간순간을 넘겼을 때와 자기 대화로 공황에 맞설 때는 확연히 달랐다.

자기 대화법을 몰랐을 때는 무조건 이기고 극복하려고만 했고, 그때 생긴 감정들을 인정하지 않았다. 무섭고 불안했지만 무시하려 했고, 그저 몸이 많이 피곤해서 나타난 현상이라고 여기며, 이를 악물고 뚫고 나가려고만 했다. 그러던 어느 날, 위기를 느끼고 찾아간 응급실에서 몇 가지 검사를 진행한 후, 의사로부터 공황장애가 의심된다는 얘기를 듣고, 마음이 편해졌다. 죽음이라는 공포가 있었는데, 계속해서 사랑하는 사람들을 지켜줄 수 있다는 안도감이 찾아왔다. 하지만 그 뒤에도 공황발작이 발생하면 예전처럼 버티고, 두려움을 누르려는 태도는 변함이 없었다. 그렇게 버티기만 하고 있었는데, 필리핀 출장을 다녀오던 마닐라 국제공항에서 더는 버티기 어려운 공포를 경험했다. 통제기능을 거의 상실한 채 공항 내 클리닉에서 진정시키는 주사를 맞고서야 극심한 공포에서 벗어날 수 있었고, 주사의 영향으로 걸을 수가 없어서 휠체어를 타고 비행기에 올라 귀국했다. 다음 날, 정신과에서 공황장애라는 진단을 정식으로 받고 약 복용을 시작하니 많이 졸리고, 신경이 좀 무뎌진 느낌이었지만 점차 안정되어 갔다. 그렇다고 불안과 공포가 사라진 건 아니었다. 때때로 스멀스멀 그 기운이 올라 담당 의사에게 그 증상을 이야기하면, 복용하는 약의 용량을 올리자는 말만 돌아왔다. 이에 나는 약에 의지하는 게 싫어서 좋아졌다고 말하고, 공황이 기웃거리는 순간과 마주하면 아래와 같이 자기 대화를 했다.

또 다른 나: 너 지금 불안하고 무섭구나?

나: 응, 또 그놈이 찾아왔어.

또 다른 나: 네가 무서운 건 아주 당연하고 자연스러운 거야. 그놈은 아주 고약하잖아.

나: 네가 알아주니까 고맙네. 힘도 나고. 난 빨리 편해지고 싶어.

또 다른 나: 나는 항상 너와 함께 있고, 널 지켜보고 있어. 넌 곧 편안해질 거야. 지금까지 그랬던 것처럼.

나: 고마워. 난 우선 호흡을 편하게 하는 데 집중할 거야. 코로 호흡을 천천히 들이마시고 내뱉을 수 있다면, 곧 편안해지게 될 거야. 그러면 이놈은 도망가게 될 거야.

또 다른 나: 오! 너 그놈에 대해서 아주 잘 아는구나?

나: 응, 얘는 이렇게 왔다가 결국은 사라져. 항상 그랬어. 난 조금 있으면 분명히 괜찮아져. 아무 일도 없었던 것처럼.

또 다른 나: 너 정말 잘하는데? 아까보다 많이 편해진 것 같아. 정말 대단하다.

나: 네가 옆에서 응원해 주니까 정말 힘이 되네. 내가 하는 호흡은 그냥 호흡이 아니라 감정 호흡이야. 호흡하면서 행복과 자신감도 같이 느낄 수 있지. 보라고. 난 벌써 이렇게 괜찮아지고 있고, 자신감도 충만해.

또 다른 내가 지켜보는 나는 불안하고 두려워 보였지만, 공황을 이기고 극복하려고 노력하는 모습이 대견해 보였다. 혼자서만 외롭게 싸우다가 나의 일거수일투족을 지켜보는 또 다른 나의 응원을 받으니 싸움이 외롭지도 않고, 한번 해볼 만하다는 느낌까지 들었다. 특히, 그 순간 느끼는 감정을 인정하면서 나누는 나와의 대화는 무작정 맞서 싸우면서 버틸 때와 비교해서 공황을 빨리 쫓아내게 하는가 하면, 힘도 덜 들었다. 심지어 비교적 빠르게 약 복용도 중단하게 했다.

작가의 한마디
'자기 대화'는 감정에 휘둘리지 않고, 평정심을 유지하는 데 도움을 줍니다. 감정이 올라올 때 이성적 판단을 하고 싶다면, 부정적인 감정을 인정하고, 또 다른 나와 대화를 나누어 보세요.

# 본심
# 알아채기

바로 앞에서 내가 공황발작을 겪었던 일을 고백했다. 그 순간 나의 바람은 공포에서 벗어나 편해지는 것이었고, 나 자신이 그 사실을 잘 알고 있었기에 '또 다른 나'와 대화를 시도했다. 하지만 대부분은 감정에 휩쓸린 상태에서는 본심을 파악하지 못하는 경우가 많다. 그렇다면 어떻게 하는 게 좋을까? 내가 추천하는 방식은 자기 자신과의 대화 즉, 또 다른 나와의 대화를 아래와 같이 해보는 거다. 이것이야말로 내가 아는 범위 안에서 내 본심을 알아차리는 데 가장 큰 도움을 주는 방법이다.

그래서 나는 화가 나거나, 슬프거나, 상대가 미워 보이는 순간 등 부정적인 감정이 생길 때 다음과 같이 자기 대화를 시도한다. "너 화 많이 났구나? 화날 만하지. 내가 너였어도 많이 화났을 것 같아. 그런데 네가 정말 이 순간에 바라는 건 뭐야? 그냥 화내는 거야? 아니라고? 그럼 진짜 네가 바라는 건 무엇이니?" 이렇게 물으면 부정적인 감정 속에 감춰져있는 본심을 찾을 수 있게 도와줘서 프로젝트를 잘 끝내고 싶거나, 상대와 잘 지내고 싶거나, 이해받고 싶거나, 억울함을 풀고 싶거나, 쉬고 싶은 등 내가 진짜 바라는 본심이 무엇인지를 알 수 있게 한다. 그런 다음 알게 된 본심에 충실하며 대화를 이어가면 된다. 본심을 알도록 하는 간단한 질문 하나가 평정심을 유지하게 하고, 대화와 협상에서 흔들리지 않게 해주니 든든하기까지 하다.

진정으로 내가 바라는 게 무엇인지 찾아가는 작업은 흡사 나의 숨은 욕구를 찾는 일과 같다. 우리는 앞서 욕구 너 대화를 통해 상대의 숨겨진 욕구를 찾는 중요성에 대해 알아봤다. 그런데 상대뿐만 아니라 나 자신의 욕구를 헤아리는 과정도 무척 중요하다. 그 출발점이 자기와의 대화다.

상대와의 갈등 때문에 힘들고 어려울 때, 진심으로 바라는 게 그와 잘 지내는 것임을 받아들이고, 미래에 대한 걱정이 지배적일 때, 내가 진정 원하는 바가 미래를 차근차근 준비하는 모습임을 깨닫고, 원인 모를 불안으로 긴 어둠 속에서 길을 헤맬 때, 거기서 벗어나는 상황을 소망하고 있음을 알아차린다면, 마음의 평안은 물론 행동의 변화가 일어날 것이다.

이렇게 훈련하다 보면, 어느 순간부터는 위에 설명한 단계를 거치지 않아도 감정에 휘둘리지 않고, 본심이 무엇인지를 인지하여 처한 상황에 의연하게 대처하는 자신의 모습을 발견하게 된다. 이뿐만 아니라 화, 짜증, 답답함 등과 같은 부정적인 감정 때문에 힘들어하고, 갈등하는 시간이 확연히 줄어든다. 그런 순간이 찾아와도 진정으로 바라는 것에 집중하며, 현명하게 대처할 수 있는 덕분이다.

당신이 본심을 볼 수 있는 현명한 사람이라면, 분명히 이 책을 몇 번이고 정독할 것이고, 실천에 실천을 거듭할 것이다. 그 실천에 실패란 없다. 단 하나의 실패가 있다면, 이 책을 읽고서도 실천하지 않는 것이다. 부디 말을 바꾸면 인생이 바뀐다는 진리를 강하게 믿고, 실천을 통해 당신이 그 주인공이 되었으면 한다.

> **작가의 한마디**
> 본심을 찾는 자기 자신과의 대화는 감정에 휘둘리지 않고, 상황을 현명하게 대처하게 해줍니다. 이 훈련을 지속한다면 진정으로 원하는 바를 인식하고, 갈등을 줄이며, 평정심을 유지하도록 도와줍니다.

## 에필로그
# 말의 변화로 긍정적 삶의 주인공이 되길

이 책을 출간하기까지 참 오랜 시간이 걸렸다. 코로나 이전에 준비하다가 바쁘다는 핑계로 집필을 멈췄다. 그러던 중 코로나가 한창이던 2022년, 모 출판사 대표로부터 연락이 와서 다시 원고를 써 내려가기 시작했다. 소중한 기회라는 생각이 들어 초고를 여유 있게 건네는 조건으로 그의 제안을 승낙했다. 얼마 후 초고가 완성되었고, 편집장으로부터 좋은 피드백도 받았다.

그런데 출간 일정까지 협의를 마친 다음, 편집장은 책에 유명인의 사례를 추가해달라는 요청을 했다. 마케팅하기에 좋은 책을 내려는 출판사의 입장은 이해했지만, 그렇게 하면 내가 전달하려는 콘텐츠를 지키기 어렵다는 판단이 들어서 그 제안을 거절했다. 출판은 기약 없이 미뤄졌고, 그 기회에 다시 책을 다듬기 시작했다.

작업하는 시간이 꽤 걸렸지만, 책의 핵심 키워드인 '프레임', '너 대화', '전략적 표현'의 활용성은 여전히 유효하다는 사실이 책에 대한 확신이 들게 했다. 그래서 독자들에게 실질적인 도움을 줄 수 있다는 희망과 믿음으로 즐겁게 작업을 이어 나갔다.

여기까지 읽었다면 알겠지만, 이 책에는 아버지의 이야기가 자주 등장한다. 이에 따라 작업할 때마다 돌아가신 아버지를 기억하며, 그의 삶을 되돌아봤다. 이 작업이 아니었으면 병마와 싸우며 약해져 버린 늙은 아버지의 모습이 주로 눈에 아른거렸을 텐데, 다행히 아버지가 건강하고 활기찼던 젊은 시절도 떠올릴 수 있어서 좋았다. 반면, 아버지와 소통을 가장 편안하고 부드럽게 했던 때가 아버지를 간호할 때라는 점이 아쉽고, 마음이 저리다.

책이 출간되면 제일 먼저 어머니에게 드릴 계획이다. 전작 《말의 비밀》도 드렸지만, 읽지 않은 듯하다. 책과 거리를 두고 살아온 어머니에게 책 읽기란 여간 힘든 일이 아니었음을 잘 안다. 그런데 이번에는 어머니가 읽을 수도 있다는 약간의 기대가 있다. 그 까닭은 어머니가 아버지를 간호하면서 힘들어할 때, 바깥바람이라도 쐬도록 문해학교 초등과정에 보내드렸고, 지금은 중학교 2학년 과정을 듣는 중이다. 아무래도 예전보다는 글에 익숙해져서 내 책에 관심을 갖지 않을까 한다.

어머니는 아버지를 돌보면서 때때로 한 맺힌 과거를 얘기하며 울기도 했고, 신세 한탄을 많이 했다. 나는 어머니가 자꾸 과거에 얽매이고, 침울해지는 게 싫어서 의도적으로 그 얘기를 하지 못하게 했다. 그런 분위기가 감지되면 화제를 바꾸기도 했고, 상황에 따라서는 자리를 피하기도 했다. 최대한 대화 에너지의 방향이 어머니의 한 많은 과거로 가는 길은 피하고, 지금

에필로그_ 말의 변화로 긍정적 삶의 주인공이 되길

느끼는 행복에 머물 수 있도록 전략적 표현을 한 것이다. 충분히 공감해 주지 않는 내 모습에 섭섭함을 느꼈을 수도 있겠지만, 궁극적으로 어머니를 위한 선택이었음을 알게 된다면 더 큰 행복으로 다가올 듯하다.

책 속의 상당 부분은 아내와 함께 겪은 일이고, 그녀는 곁에서 내가 어떻게 말하며 살고 있는지를 생생하게 지켜보는 산증인이다. 내가 쓰는 말로 갈등을 풀고, 문제를 해결하고, 원하는 것을 얻고, 상대의 기를 살려주는 모습을 지켜봐 왔던 아내가 이 책의 출간을 적극적으로 지지해 주어 정말 큰 힘이 되었다.

부디 많은 사람이 이 책을 읽고 실천하여, 삶을 긍정적으로 변화시키는 주인공이 되었으면 한다. 그들의 변화를 미리 축하한다. 성심껏 편집 작업을 하면서 말에 대해서 정말 많이 생각하게 되었다고 고백해 준 윤수빈 편집자가 이미 증명해 주어 고맙다.